예수 동행 오직 믿음

믿음이 작은 자야, 왜 믿지 아니하느냐

예수 동행
오직믿음

유기성 지음

규장

예수님과의 동행은
'노력의 문제'가 아니라 '믿음의 문제'이다

저는 겉으로는 성실하고 착한 삶을 살고 있었습니다. 그러나 혼자 있을 때 마음의 문제가 드러났습니다. 은밀한 죄, 마음속의 죄로 인해 깊은 좌절과 자책에 빠졌습니다. '나는 위선자다'라는 정죄감이 저를 짓눌렀습니다. 그래서 간절한 마음으로 주님 앞에 엎드려 기도드렸습니다.

"주님, 이 은밀한 죄에서 벗어나게 해주세요."

그때 주님께서 제 마음에 말씀하셨습니다.

"믿음이 작은 자야, 왜 믿지 아니하느냐?"

처음에는 이해가 되지 않았습니다. '나는 분명히 믿고 있는데 도대체 무슨 믿음을 말씀하시는 걸까?' 그런데 곰곰이 생각해보니, 우리는 사실 얼마든지 은밀한 죄를 이길 수 있습니다. 사람이 곁에만 있어도 죄를 짓지 않기 때문입니다. 죄를 이기지 못하는 이유는 단 하나, 주님이 함께 계신다는 사실을 믿지 않기 때문입니다. 결국 이 문제는 '믿음의 문제'였습니다.

수많은 증인이 지켜보고 있다

2007년 10월, 저는 한 달 동안 병원에 입원하며 여러 차례 수술을 받았습니다. 모든 집회가 취소되고, 주일 설교조차 감당할 수 없는 상황이 계속되자 깊은 낙심이 찾아왔습니다. 침상에 누워 눈물로 주님께 기도하던 중, 주님께서 말씀하셨습니다.

"너는 설교하지 못하는 것을 염려하지만, 정말 두려워해야 할 것은 네가 전하는 말씀과 실제 삶 사이에 틈이 생기는 것을 가볍게 여기는 것이다."

그 말씀은 제게 큰 충격이었습니다. 그래서 저는 '어떻게 설교한 대로 살아낼 수 있을까?'를 고민하고 있었는데, 천안 유관순 체육관에서 열린 집회에 강사로 초청되어 말씀을 전하게 되었습니다. 체육관을 가득 채운 성도들, 수많은 카메라, 숨조차 막히는 긴장감 속에서 말씀을 준비하는 가운데, 주님의 말씀이 떠올랐습니다.

이러므로 우리에게 구름 같이 둘러싼 허다한 증인들이 있으니 히 12:1

그날 체육관에 모인 사람들과는 비교도 할 수 없는 수많은 증인들이 늘 저를 지켜보고 있다는 사실을 주님께서 깨닫게 해주셨습니다. 이것은 단순한 비유가 아닙니다. 정말로 이 사실을 믿는가, 믿지 않는가의 문제였습니다. 만약 믿는다면 어떻게 은밀한 죄를 지으며 살아갈 수 있겠습니까? 히브리서 12장 2절은 이렇게 이어집니다.

믿음의 주요 또 온전하게 하시는 이인 예수를 바라보자 히 12:2

사람들은 나의 겉모습만 볼 수 있습니다. 그러나 예수님은 지금 내 안에 계셔서, 내 마음과 생각을 다 아십니다. 이 사실이 정말 믿어진다면, 설교한 대로 살지 않을 수 없고, 은밀한 죄를 이길 수밖에 없습니다.

단지 믿기만 하라

예수동행일기를 쓰며 예수님과 친밀히 동행하는 삶을 권할 때 많은 분들이 이렇게 반응합니다.

"아직 자신이 없습니다."

"시작은 하겠지만, 끝까지 할 수 있을지 모르겠습니다."

이러한 반응은 대부분 '예수님과의 동행'을 결단과 노력, 마치 더 경건하게 살기 위한 훈련으로 오해하고 있기 때문입니다. 그러나 지난 16년간 예수님과 동행하는 삶을 살아오며 분명히 깨달았습니다. 예수님과의 동행은 '노력의 문제'가 아니라 '믿음의 문제'라는 사실을 말입니다. 물론 노력도 중요하지만, 핵심은 믿음입니다. "믿음 100퍼센트, 오직 믿음!" 그만큼 믿음이 결정적인 역할을 합니다.

예수님께서 지금 내 마음에 실제로 거하신다는 사실이 믿어지면 주님과의 동행은 결코 어렵지 않습니다. 오히려 기쁘고, 감사하고, 자유로운 일이 됩니다. 그러나 그 사실이 믿어지지 않으면 아무리 좋은 훈련도 부담되고 억지가 됩니다. 죄사함과 의롭다 하심이 전적으로 믿음으로 주어지는 것처럼, 예수님과의 친밀한 동행도 믿음으로 누리는 은혜입니다. 믿기만 하면 됩니다. 이 얼마나 단순하면서도 놀라운 진리입니까?

예수님과 동행하는 삶은 누구에게나 열려 있는 복된 길입니다. 단지 믿기만 하면 됩니다. 그래서 이 책의 제목을 '예수 동행 오직 믿음'이라고 지었습니다.

진짜 믿음은 보이지 않는 예수님과의 동행이다

"예수님이 지금도 나와 함께하신다는 사실을 정말 믿으십니까?"

저는 이 질문 앞에 오랫동안 머뭇거렸습니다. 목회자가 되어 누구보다 열심히 사역하며 충성해왔지만, '예수님이 지금 내 안에 계신다는 사실을 나는 정말 확신하는가?'라고 조용한 골방에서 스스로에게 물었을 때 쉽게 "예"라고 대답할 수 없었습니다.

그때 깊이 깨달았습니다. 믿음이 병들면 주님이 보이지 않고, 주님이 함께 계셔도 느껴지지 않고, 그분의 음성이 들려도 반응하지 않게 된다는 것을 말입니다. 많은 성도들이 "힘들어요, 죽겠어요"라고 절망을 토로하는 것도 그 고통의 뿌리가 '상황'이 아니라 '믿음의 손상'에 있기 때문입니다.

얼마 전, 계룡대 육해공군 본부교회 연합예배에서 설교를 하는데 군목 시절의 기억이 떠올랐습니다. 그때 저의 가장 큰 사명은 교회에 나오는 간부들이 진급하도록 기도하는 일이었습니다. 그러나 그것은 동시에 가장 큰 좌절이기도 했습니다. '믿음 좋은 사람들이 진급하면 군 교회가 부흥하고, 군 복음화도 빨리 이뤄질 텐데'라는 생각 때문에, 믿음이 좋은 간부들이 진급하지 못하는 현실 앞에서 답답함이 밀려왔기 때문입니다.

하지만 시간이 지나며 깨달았습니다. 제가 생각하던 '믿음'은 너무 모호하고 피상적이었습니다. 교회 잘 다니고, 인품이 좋고, 사람들에게 인정받는 것이 믿음이라고 여겼습니다. 그러나 진짜 믿음은 보이지 않는 예수님을 바라보고, 신뢰하며 실제로 동행하는 삶이었습니다. 이 믿음이 실제가 되면, 죄의 유혹도, 외로움도, 두려움도 능히 이길 수 있습니다.

예수님을 바라보는 가운데 제 믿음은 치유되기 시작했습니다. 이 책은 그 믿음의 회복 여정입니다. 무너졌던 믿음이 회복되며, 예수님과 함께 지금 이 순간을 살아가는 '예수동행의 실제'를 믿음으로 붙잡아 가는 이야기입니다.

오직 믿음으로 예수님과 함께 걷는 삶

이 책은 단순히 "더 열심히 기도하자", "더 착하게 살자"는 메시지가 아닙니다. 예수님과 실제로 동행하며 살아낸 삶의 이야기입니다. 우리가 너무 익숙하게 사용하는 '믿음'이라는 단어를 다시 붙잡고, '나는 정말 예수님을 믿고 있는가?', '그 믿음이 내 삶을 어떻게 바꾸고 있는가?' 이런 질문을 깊이 묻는 여정이 될 것입니다.

이 책을 통해 여러분도 자신의 믿음을 돌아보고, 주님과 더 깊이 동행하는 길로 나아가게 되기를 간절히 소망합니다. 믿음은 치유될 수 있습니다. 그리고 오직 믿음으로, 우리는 예수님과 함께 걷는 삶을 살아갈 수 있습니다. 이제, 그 여정을 함께 걸어보지 않으시겠습니까?

이 책의 마지막 장을 덮을 즈음이면, "예수님이 지금 나와 함께 계십니다"라는 고백이 더 이상 희망이 아닌 확신, 막연한 갈망이 아닌 삶의 실제가 되어 있을 것입니다.

유기성

프롤로그

PART

1

믿음으로
동행하라

믿음으로 주님과 동행하라

　호주 집회에 함께 갔던 한 목사님이 이런 이야기를 하셨습니다. "개그맨 심형래 씨가 '용가리'라는 영화를 만들고 인터뷰하던 날 이런 말을 했습니다. '세상에는 두 종류의 사람밖에 없다. 한 사람은 용가리라는 영화를 본 사람이고, 다른 한 사람은 앞으로 용가리라는 영화를 볼 사람이다.' 저도 이 세상에는 두 종류의 사람밖에 없다고 생각합니다. 한 사람은 예수동행일기를 쓰는 사람이고, 다른 한 사람은 앞으로 예수동행일기를 쓸 사람입니다."

　그 말을 듣고 다들 웃었지만, 저도 예수동행운동을 하면서 "너무 지나치지 않은가?", "꼭 이렇게까지 일기를 써야 합니까?"라는 질문을 정말 많이 받았습니다. 그래도 포기하지 않고 이토록 매일 예수동행일기를 써보라고 권하는 이유는 예수님을 믿는 삶에 있어서 예수님과 동행하는 것이 너무나 중요하기 때문입니다.

예수님을 믿는다는 것은 곧 예수님과 동행하는 삶을 사는 것입니다. 그런데 안타깝게도 많은 그리스도인들이 이렇게 말합니다. "목사님, 걱정하지 마세요. 주님이 제 안에 오셨으니까 주님과 동행하는 것이지 않습니까? 제가 어디를 가든지 주님이 항상 함께 하심을 믿습니다."

그런데 제가 "그렇다면 예수님과 친밀히 동행하고 계십니까?" 라고 물으면 선뜻 그렇다고 대답하지 못합니다. 주님과 동행한다는 것은 믿지만, 주님과 친밀히 동행한다고 말하기에는 자신이 없다는 것입니다. 그것은 결국 주님과 동행한다고 생각하는 것이지, 실제로 주님과 동행하지는 않는 것입니다.

예수님과 동행한다는 것은 예수님이 나를 따라다니시는 것이 아니라, 내가 예수님을 따라가는 것이 맞습니다. 예수님과 친밀히 동행하자는 것은 예수님이 앞장서시고, 우리는 그 뒤를 따르자는 의미입니다. 우리가 매일 예수동행일기를 쓰는 이유도 예수님을 따라가는 삶을 오늘도 살아냈는지 점검하기 위해서입니다. 그렇지 않으면 아무리 바쁘게 하루를 살았더라도, 정작 예수님과 동행했는지조차 확인하지 않고 살게 됩니다. 이보다 더 두렵고 위험한 일은 없습니다.

모든 순간 우리가 예수님을 믿어야 하는 이유

달라스 윌라드의 《하나님의 모략》(복있는사람)이라는 책에는 예수님을 믿고도 삶의 변화가 없는 이유, 곧 이 땅에 수많은 그리스도인이 있음에도 하나님의 역사가 나타나지 않는 이유를 이렇게 설명하고 있습니다. "많은 사람이 예수님을 믿는 이유가 이 세상에서 살아가기 위해서가 아니라, 단지 천국에 가기 위해서이기 때문이다."

우리는 모두 "천국에 가기 위해 반드시 예수님을 믿어야 한다"는 말에는 동의하지만, "예배가 끝나고 집에 가기 위해서 예수님을 믿는다"는 말에는 대부분 어색해하며 이렇게 반문할 것입니다. "집에 가기 위해서 예수님을 믿어야 한다는 말이 무슨 의미입니까?" 이런 반응은 일상의 삶에서는 예수님을 굳이 의지하지 않아도 된다고 생각하는 사람들의 사고방식을 보여주는 것입니다. 그래서 예수님을 믿는다고 하면서도 정작 그의 삶에서는 하나님의 역사가 드러나지 않는 것입니다.

그러나 생각을 조금 바꿔보기 바랍니다. 예배가 끝나고 집에 가는 일이 겉보기에는 아주 단순해 보이지만, 그 사이에 무슨 일이 벌어질지 아무도 알 수 없습니다. 버스를 타든, 지하철을 타든, 자가용을 운전하든 집에 도착하기까지 수많은 변수와 상황이 생길 수 있습니다. 집에 도착한 이후에도 마찬가지입니다. 가정 안에서 어떤 일이 일어날지 아무도 예측할 수 없습니다.

겉보기에는 너무나 평범해 보이는 일상도 예수님을 믿고 의지해야 하는 이유가 충분합니다. 예수님은 우리가 죽은 이후만이 아니라, 이 세상에서 살아가는 모든 순간에 함께하시는 분이시기 때문입니다. 예수님과의 친밀한 동행은 운전할 때, 직장에서 일할 때, 가정 안에서 자녀를 돌볼 때 등 삶의 모든 영역에서 정말 중요합니다.

그럼에도 불구하고 너무나 많은 그리스도인들이 이 세상에서 살아가기 위해 예수님을 믿는다는 생각은 하지 않고 살아갑니다. 그래서 일상의 삶에서 예수님과 친밀히 동행하자고 강력하게 도전하고 권면하는 것입니다.

믿음으로 주님과 동행하는 훈련

예수님과 친밀히 동행하고 싶지만, 솔직히 믿어지지 않아서 잘 안 된다는 분들이 많습니다. 이처럼 우리의 '믿음'은 예수님과 동행하는 데 있어서 결정적인 역할을 합니다. 믿음이 온전하지 않으니, 예수님과 동행하고 싶어도 제대로 동행할 수 없는 것입니다. 예수님과 친밀히 동행하려면, 믿음으로 주님과 동행하는 훈련이 반드시 필요합니다.

의사였던 제 동생은 모든 것을 내려놓고 선교사로 헌신하여, 미국에서 예수전도단(YWAM) 훈련을 받기 시작했습니다. 그때부터 생활비를 전적으로 하나님께 의존하며 살았습니다. 당시 저의 형편도 여유롭지 않아 큰 도움을 줄 수 없는 상황이었기에, 참 미안한 마음이 들었습니다.

어느 날 제가 동생에게 "도대체 먹고는 사느냐"라고 물었을 때, 동생은 "하나님께서 꼭 필요한 만큼 보내주신다"라고 답했습니다. 특별한 사람이 돕기 시작하면, 이전에 돕던 사람들이 더 이상 보내지 않는 경우도 많다고 했습니다. 처음에는 그런 삶이 매우 불안하고 힘들었지만, 그것이 예수전도단 사역자들이 전 세계로 담대히 나아갈 수 있었던 비결임을 알게 되었다고 말했습니다.

예수전도단의 창립자인 로렌 커닝햄은 이런 방식에 대해 이렇게 말한 적이 있습니다. "하나님께서는 왜 이렇게 일하게 하시는가? 그 이유는 이 과정을 통해 하나님의 종들에게 하나님이 실제로 존재하신다는 것을 매 순간 확신하게 하시기 위함이다."

실제로 YWAM 사역자들은 라틴 아메리카에서는 마르크스주의자들과, 유럽에서는 냉소적인 지성인들과 맞서며 여러 열악한 환경에서 복음을 전해야 했습니다. 그들이 그렇게 사역할 수 있었던 힘은 오직 하나님만을 의지하며 살아가는 훈련을 통해 얻은 믿음에서 나왔습니다.

그들은 "사람이 떡으로만 사는 것이 아니요 여호와의 입에서 나오는 모든 말씀으로 사는 줄을"(신 8:3) 알게 하신다는 말씀을 실제로 체험했고, "여호와는… 전심으로 자기에게 향하는 자들을 위하여 능력을 베푸신다"(대하 16:9)는 말씀도 경험했습니다.

저도 선교사로 헌신하고 주님과 친밀히 동행한 동생과 그 가족의 믿음이 놀라울 정도로 자라난 것을 직접 보았습니다. 믿음이 세워지면 주님과 동행하는 눈이 열리게 됩니다. 결국 주님과 동행하는 것이 어렵게 느껴지는 가장 근본적인 이유는 주님이 함께하신다는 믿음이 없기 때문입니다. 그 믿음이 없으니까 주님과의 동행이 실제가 되지 않는 것입니다.

주님은 이미 우리 안에 오셨다

사도 바울은 에베소 교인들을 위해 세 가지 중요한 기도를 드립니다. 첫째, 성령으로 말미암아 속사람이 능력으로 강건해지기를, 둘째, 믿음으로 말미암아 그리스도께서 그들의 마음에 거하시기를, 셋째, 그리스도의 사랑을 알고 그 크기를 깨닫기를(엡 3:16-19), 이 중 "믿음으로 말미암아 그리스도께서 너희 마음에 계시게 하시옵고"(17절)라는 기도는 아주 중요합니다.

에베소 교인들은 이미 예수님을 영접한 자들인데, 왜 바울은 그리스도께서 그들의 마음에 거하시기를 기도했을까요? 원문을 살펴볼 필요가 있습니다. 헬라어에는 "거하다"라는 뜻을 가진 두 개의 단어가 있습니다. 하나는 '파로이케오'(παροικέω)로, 손님처럼 잠시 머무른다는 의미입니다. 다른 하나는 '카토이케오'(κατοικέω)로, 주인으로서 영구히 거하며 다스린다는 뜻입니다. 바울이 사용한 단어는 바로 '카토이케오'입니다. 즉 예수님께서 손님처럼이 아니라 주인으로서 마음에 거하시기를 기도한 것입니다.

예수님은 우리 안에 이미 거하고 계시지만, 주님이 정말 나의 주인이시라는 믿음이 없으면, 그분이 아무런 역사도 하지 못하시는 것처럼 느껴질 수 있습니다. 그러다보니 실제로는 주님이 계심에도 불구하고, 마치 계시지 않은 것처럼 살게 되는 것입니다.

어느 날 한 분이 제게 말했습니다. "저는 예수님을 인격적으로 만나본 적이 없습니다. 왜 저에게는 그런 체험이 없는 걸까요?" 그러나 저는 그분 안에 주님이 분명히 거하고 계심을 느꼈습니다. 주님이 역사하지 않으셨다면 어떻게 그런 고민을 하고 간절히 기도할 수 있었겠습니까?

우리가 믿으면 예수님이 우리 안에 거하시고, 안 믿으면 예수님이 우리 안에 거하시지 않는 것은 아닙니다. 예수님이 우리 안에 거하시는 것은 우리가 믿고 안 믿고 상관이 없습니다. 예수님을 영접하면 예수님이 우리 안에 오십니다.

문제는 우리가 그 사실을 진심으로 믿지 못한다는 것입니다. 예수님이 근심하셔도 우리가 그분의 근심인지 알지 못하고, 영적 갈망이 와도 그분이 주신 것인지 분별하지 못하는 것입니다. 그 결과 영적으로 메말라지며, 예수님을 모시고 있음에도 불구하고 그 사실을 누리지 못한 채 살아가게 되는 것입니다.

예수님이 내 안에 거하심을 믿게 되면 삶이 완전히 달라집니다. 그분이 내 안에 계신데 어떻게 근심하고 염려하며, 싸우고, 시기하고, 남을 험담할 수 있겠습니까? 삶이 변했기 때문에 주님이 오신 것이 아니라, 예수님이 내 안에 거하심을 믿게 되었기에 예전처럼 살 수 없고 완전히 다른 삶이 시작되는 것입니다. 이것이 바로 "믿음으로 말미암아 그리스도께서 너희 마음에 계시게 하시옵고"라는 말씀의 의미입니다.

예수님이 우리 안에서 역사하시는 삶의 열쇠는 우리가 가지고 있는 것입니다. 예수님을 영접한 사람은 예수님께 자기 안에 와달라고 기도할 필요가 없습니다. 예수님께서 이미 자신 안에 오셨다는 것을 믿기만 하면 되는 것입니다.

하나님은 나를 사랑하신다

교회생활을 열심히 하는 그리스도인들 중에 주님이 마음에 계신 것을 믿지 못하는 이들이 많습니다. 실제로 예수님이 자기 안에 거하시는 것이 믿어지는 것은 엄청난 일입니다. 하나님이 나를 사랑하신다는 확신도 예수님이 자기 안에 거하시는 것이 믿어질 때 오는 것입니다.

많은 성도들이 "하나님이 나를 사랑하신다"라고 말합니다. 왜냐하면 교회에서 그 말을 너무나 자주 들었기 때문입니다. 하지만 실제로는 믿어지지 않을 때가 많습니다. 고난이 닥치고 시험에 들면, '정말 하나님이 나를 사랑하시는가?'라는 의심이 마음속에 찾아옵니다. 이는 우리가 하나님의 사랑을 상황에 따라 판단하기 때문입니다.

사탄은 욥에게 극심한 고난을 주며 그의 믿음을 흔들었습니다. "욥이 까닭 없이 하나님을 경외하겠습니까?", "고난을 당하면 하나님을 욕할 것입니다." 이것이 마귀의 논리였습니다. 하지만 우리는 욥의 이야기를 통해 경건하고 온전한 사람에게도 극한의 고난이 올 수 있으며, 그 배경에는 사탄의 참소가 있다는 사실을 알 수 있습니다.

사탄은 오늘날에도 계속해서 묻습니다. "이렇게 힘든 상황에서도 하나님을 여전히 믿을 수 있겠는가?" 그래서 우리는 우리의 상황에 따라 하나님의 사랑을 판단해서는 안 됩니다. 하나님께서는 우리에게 어떤 형편 속에서도 그분이 우리를 사랑하신다는 확실한 증거를 주셨습니다. 바로 십자가입니다.

사랑은 여기 있으니 우리가 하나님을 사랑한 것이 아니요 하나님이 우리를 사랑하사 우리 죄를 속하기 위하여 화목 제물로 그 아들을 보내셨음이라 요일 4:10

십자가는 하나님의 사랑에 대한 가장 명확한 증거입니다. 그러므로 우리는 형편이나 감정이 아닌, 십자가를 바라보며 하나님의 사랑을 확신해야 합니다.

하나님은 우리 아버지이시다

성경은 하나님이 우리의 아버지가 되셨다고 선포합니다. 예수님께서도 우리에게 하나님을 "아버지"라고 부르며 기도하라고 가르치셨습니다. 무슬림들은 '알라'라는 신을 믿지만, 그 신을 "아버지"라 부르지 못합니다. 예수님께서 십자가에 달리신 이유 중 하나도 하나님을 "아버지"라 불렀기 때문이었습니다. 그러니 우리가 하나님을 아버지라고 부를 수 있다는 사실은 상상할 수 없는 특권이자 복입니다.

그저 "아버지"가 아닙니다. 누가복음에 나오는 탕자의 아버지처럼, 그 사랑은 조건 없이, 끝까지 기다리고 용서하는 아버지이십니다. 탕자는 아버지가 아직 살아 계신데 유산을 요구했고, 받은 유산을 방탕하게 탕진해버렸습니다. 그럼에도 아버지는 그를 기다렸고, 돌아온 아들을 품에 안고, 씻기고, 새 옷을 입히고, 잔치를 열어주었습니다.

하나님은 우리가 잘할 때만 우리를 사랑하시는 분이 아닙니다. 우리가 잘못했을 때조차 기다리고 품어주시는 분이십니다. 방금 태어난 아기가 "아버지 어머니, 고생 많으셨습니다. 그 은혜를 갚겠습니다"라고 큰절을 해서 부모가 자녀를 사랑하는 것입니까? 부모는 그 아이가 자녀라는 존재 자체로 행복해하고 사랑합니다.

하나님도 예수님이 세례받으실 때 "내 사랑하는 아들"이라고 말씀하셨습니다.

이는 내 사랑하는 아들이요 내 기뻐하는 자라 마 3:17

이 말씀은 예수님께만 하신 말씀이 아닙니다. 하나님은 우리 모두에게도 동일하게 말씀하십니다. 우리가 잘해서가 아니라 우리의 존재 자체를 사랑하시는 것입니다. 그러므로 하나님이 나의 아버지가 되신다는 믿음은, 어떤 상황에서도 하나님의 사랑을 의심하지 않을 수 있는 확고한 근거입니다.

십자가에서 드러난 하나님의 사랑을 깨달으면 더 이상 다른 것을 구할 필요조차 없어집니다. 설령 상황이 지금보다 열 배는 더 어려워져도 감사할 수 있게 됩니다. 예수님 한 분이면 충분하다는 고백이 나오는 것입니다.

하나님의 사랑의 결정적 증거

여전히 하나님의 사랑을 확신하지 못하는 이들이 있습니다. 그것은 하나님의 사랑이 확신이 아닌, 들어서 아는 것에 불과하기 때문입니다. 그런 사람은 상황이 조금만 어려워지면 믿음이 흔들리고, 고난이 오래 지속되면 하나님의 사랑을 의심하게 됩니다.

저는 목사의 아들로 어려서부터 하나님은 사랑이시고 우리의 좋으신 아버지라는 사실을 성경에서 읽었고 설교를 통하여 수도 없이 들었습니다. 그러나 하나님이 언제나 나를 사랑하신다는 확신은 없었습니다.

오히려 하나님의 사랑을 받기 위해서는 더 많이 기도해야 하고, 성경도 많이 읽고, 선한 일도 많이 하여 하나님을 기쁘시게 해야 한다고 생각했습니다. 그래서 하나님의 사랑에 언제나 목말랐으며 하나님의 사랑을 받기 위해서 애를 썼습니다.

목회를 하면서도 하나님이 저를 사랑하신다는 확신으로 하기보다 사람들이 나를 볼 때 '저 사람은 정말 하나님이 사랑하는 자구나'라고 생각하도록 애썼습니다. 그래서 무슨 일을 하든 그 일이 잘되어야 했습니다. 그것이 하나님이 나를 사랑한다는 증거라고 생각했기 때문입니다.

혹시 일이 잘못되면 저 사람은 하나님이 사랑하지 않는다고 평가할까봐 두려웠습니다. 하나님이 나를 사랑한다는 것을 믿고 산 것이 아니라 하나님이 나를 사랑한다는 것을 스스로 확증하려고 몸부림치면서 산 것입니다. 이것이 율법주의자의 전형적인 모습인 것을 나중에야 깨달았습니다.

그러나 하나님께서는 우리가 이처럼 율법주의에 빠지지 않게 하시려고 하나님의 사랑에 대한 증거를 주셨습니다. 예수님의 십자가의 은혜가 그것이고 하나님이 아버지라는 약속의 말씀도 그것입니다. 그럼에도 확신하지 못하는 이들이 있기에 하나님께서 결정적인 증거를 하나 더 주셨습니다. 바로 하나님께서 직접 우리 안에 오신 것입니다.

> 너희는 다시 무서워하는 종의 영을 받지 아니하고 양자의 영을 받았으므로 우리가 아빠 아버지라고 부르짖느니라 롬 8:15

여기서 '양자의 영'이란, 우리가 하나님의 자녀가 되었음을 실제로 깨닫게 하시는 성령님을 말합니다. 성령 하나님께서 우리 안에 영원히 거하시며, 하나님이 나의 아버지라는 사실을 머리만 아니라 마음으로도 믿게 하십니다.

아버지와 함께 살지 못했던 아이가 어느 날 친아버지를 처음 만난다면, 머리로는 아버지임을 알 수 있어도 마음으로는 낯설고 서먹할 것입니다. 기가 막힌 일이지만, 많은 그리스도인들이 바로 그런 식으로 하나님이 아버지이신 것을 믿고 살아갑니다. 하나님을 머리로는 아버지라고 믿지만, 실제 삶에서는 고아처럼 살아가는 것입니다. 하나님과 친밀히 동행하지 않기 때문입니다. 그러나 예수님은 우리를 이처럼 고아 아닌 고아처럼 내버려두지 않으셨습니다. 그분은 이렇게 말씀하셨습니다.

내가 너희를 고아와 같이 버려두지 아니하고 너희에게로 오리라

요 14:18

예수님의 십자가 복음, 그리고 하나님이 아버지라는 이 진리는 머리로만 아는 지식이 아니라 가슴으로 느껴져야 합니다. 그래서 우리는 항상 주님을 바라보며 살아야 합니다. 염려와 두려움은 주님이 함께하신다는 사실이 믿어질 때 사라집니다.

두려워하지 말라 내가 너와 함께 함이라 놀라지 말라 나는 네 하나님이 됨이라 내가 너를 굳세게 하리라 참으로 너를 도와 주리라 참으로 나의 의로운 오른손으로 너를 붙들리라 사 41:10

하늘 어딘가에서 하나님이 나를 바라보신다고 막연히 믿는 것으로는 두려움이 사라지지 않습니다. 두려움은 지금 이 순간 하나님이 나와 함께 계시며, 그 손으로 나를 붙들고 계신다는 것이 믿어질 때 비로소 사라집니다. 하나님의 사랑도 마찬가지입니다. 그래서 사도 바울은 이렇게 기도합니다.

여러분이 사랑 속에 뿌리를 박고 터를 잡아서, 모든 성도와 함께 여러분이 그리스도의 사랑의 너비와 길이와 높이와 깊이가 어떠한지를 깨달을 수 있게 되고, 지식을 초월하는 그리스도의 사랑

을 알게 되기를 빕니다. 그리하여 하나님의 온갖 충만하심으로 여러분이 충만하여지기를 바랍니다. 엡 3:17-19 새번역

예수님이 내 안에 계신다는 것이 정말 믿어지면, 어떤 상황에서도 그 사랑을 부인할 수 없습니다. 어려움이 닥쳐도 하나님의 사랑을 의심하지 않고, 오히려 그 속에 담긴 뜻을 묻게 됩니다. 그래서 저는 매일 주님과 동행하는 일기를 쓰라고 권면합니다.

주님이 여러분 안에 계신다는 사실을 의식하며, 늘 그분을 바라보며 살아보라는 것입니다. 그렇게 살면, 어떤 형편에서도 하나님이 나를 사랑하신다는 확신이 생기고, 흔들림 없이 서 있을 수 있습니다.

하나님의 사랑을 진심으로 믿게 되면

송솔나무 집사님은 10살 때 미국으로 이민을 갔는데, 그곳에서 아주 어려운 시절을 겪었습니다. 재능이 뛰어난 누나는 미국 대통령상을 받을 정도였지만, 본인은 학교에서 매일 놀림과 괴롭힘을 당해 점심시간마다 화장실에 숨어 있곤 했습니다.

어느 날 화장실에서 눈물을 흘리며 울부짖을 때, 하나님의 음성이 들렸습니다. "너는 내 아들이다. 내가 너를 사랑한다. 화장실에서 나와라." 그 말씀을 들은 순간, 너무 놀랐고, 마음이 완전

히 바뀌었습니다. 하나님이 정말 자신을 사랑하신다는 믿음이 생긴 것입니다.

그렇게 화장실에서 나와 학교 강당을 향해 걸어가고 있는데, 학교 악단이 연습하는 소리가 들려 연습실로 들어가자 선생님이 그에게 악단에 들어오라고 권하였습니다. 이전 같았으면 겁이 나서 도망쳤겠지만, 하나님의 사랑이 믿어지니 용기 있게 "네"라고 대답할 수 있었습니다.

선생님의 권유로 플루트를 연주하게 되었는데, 재능을 발견하였습니다. 그는 특별한 교육을 받지 못했지만 몇 년 후 뉴욕의 줄리아드 음악학교(Juilliard School of Music)의 대학 예비 과정에 선생님의 추천으로 지원하게 되었습니다. 오디션을 위해 줄을 서서 기다리고 있었는데, 화려하게 차려입은 지원자 한 명이 수억 원을 호가하는 명품 플루트를 보여주며 자신은 유명한 회사 사장의 딸인데 최고의 선생들에게 플루트를 배웠다며 자랑하였다고 합니다.

당시 집사님이 가지고 간 플루트는 부서진 부분을 테이프로 붙인 중고 플루트였습니다. 그것을 본 심사위원 중 한 사람이 능글맞게 웃으며 "왜 그런 낡은 싸구려 악기로 오디션을 보러 왔니?"라고 묻기도 했습니다. 하지만 하나님이 자신을 사랑하는 것을 확신한 집사님은 전혀 주눅들지 않고 편안했다고 합니다.

집사님은 놀랍게도 줄리아드에 합격했고 장학금까지 받았습니다. 이후 링컨 센터(Lincoln Center)와 카네기 홀(Carnegie Hall)을 비롯한 세계 최고의 공연장에서 공연도 하게 되었습니다. 집사님은 자신의 성공의 근원이 하나님께 사랑을 받고 있다는 확신에 있다고 했습니다. 그 때문에 일본에서 쓰나미로 피해를 본 마을들을 돌아다니며 그들에게 하나님의 사랑을 전하기도 했습니다.

송솔나무 집사님의 음악이 아름다운 이유는 사람들의 인정을 얻기 위해서가 아니라, 이미 하나님의 사랑을 받았다는 확신 속에서 나온 것이었기 때문입니다. 10살 아이도 하나님의 사랑을 진심으로 믿게 되니 삶이 바뀌고, 하나님께서 놀랍게 역사하셨습니다.

믿음이 바뀌어야 삶이 바뀝니다

주님은 이미 하실 일을 다 이루셨습니다. 우리를 위해 십자가를 지셨고, 부활하셨고, 이제는 우리 안에 거하십니다. 예수님이 하실 일은 끝났고, 이제는 우리가 믿을 차례입니다. 우리의 진짜 문제는 돈이나 건강, 도와줄 사람이 없는 것이 아닙니다. 진짜 문제는 하나님의 사랑이 믿어지지 않는 것입니다. 그 믿음이 바뀌어야 삶이 바뀝니다.

저는 24시간 주님과 동행하기 위해 일기를 쓰면서 주님이 함께 계심을 믿음으로 붙잡았을 때, 어느 순간 제 안에 하나님이 나를 사랑하신다는 믿음이 생긴다는 것을 깨달았습니다. 예수님이 내 안에 계신다는 사실이 믿어지니 어려운 일이 생겨도 조급하거나 당황하지 않게 되었습니다. 오히려 '하나님께 무슨 뜻이 있으시겠지'라고 생각하며 담담히 받아들이게 되었습니다. 어려운 일을 보는 시각이 완전히 달라진 것입니다. 그렇습니다. 하나님이 나를 사랑하신다는 믿음이 모든 것을 바꿉니다.

또 하나 놀라운 일은, 저 자신을 사랑하게 되었다는 사실입니다. 전에는 스스로에 대한 열등감과 좌절감이 많았고, 부족한 제 자신을 묵상하며 살았습니다. 사람들마다 자신에 대한 열등감과 좌절감이 큽니다. 누구보다도 자신을 잘 알기 때문입니다.

하지만 이제는 제 안에 계신 보배로우신 예수님을 바라보게 되었습니다. 제가 질그릇이어도 상관없습니다. 그 안에 보배 되신 주님이 계시기 때문입니다. 열등감이 사라지고, 자존감이 회복되었습니다. 예수님과 친밀히 동행할수록 저는 사랑받은 자, 복 받은 자, 존귀한 자임을 믿게 되었습니다. 이것은 정말 엄청난 변화입니다.

여러분도 예수님이 자신 안에 거하신다는 사실이 믿어지기 시작하면, 삶이 완전히 달라질 것입니다. 번지 점프 하는 것을 보거나 설명을 듣는 것과 실제로 번지 점프를 하는 것은 완전히 다른 차원입니다. 예수님을 믿는 은혜를 누리려면 예수님과 실제 동행하여야 합니다. 하나님의 사랑에 대하여 성경 말씀을 읽고 많은 설교를 듣는 것과 실제로 그 사랑을 경험하는 것은 전혀 다른 차원입니다.

이제 여러분이 믿음으로 반응할 시간입니다. 지금 이 순간, 여러분이 처한 상황과 문제를 주님께 맡기고 나아가십시오. 예수님이 여러분 안에 계십니다. 그분의 사랑은 여러분을 결코 포기하지 않으십니다. 믿음으로 예수님이 진짜 삶을 주관하시고 인생을 바꾸신다는 것을 실제로 경험하시기 바랍니다.

믿음이 성장하는 두 가지 방식

저는 주님과 친밀히 동행하는 삶을 살고자 하는 깊은 갈망이 있습니다. 주님과 친밀히 동행할 수 있다면 어떤 고난도 감당할 수 있고, 어떤 것도 기꺼이 포기할 수 있을 것입니다. 그것이 진정 구원받은 자의 길이며 가장 복된 삶이라는 것을 알고 있기 때문입니다.

이처럼 주님과 동행하기 위해 반드시 필요한 것이 바로 '믿음'입니다. 보이지 않으시는 주님과 동행해야 하기에, 믿음 없이는 결코 불가능한 일입니다. 그래서 우리의 믿음이 달라져야 합니다. 믿음은 충분히 자랄 수 있습니다. 교회마다 사람마다 믿음이 다르고, 한 사람의 믿음도 1년 전, 5년 전, 10년 전과는 다릅니다. 우리가 함께하는 사람이나 환경은 바꾸기 어려울지라도, 믿음은 자라게 할 수 있습니다.

영적 눈이 열리고 믿음이 성숙해질수록 주님과 친밀히 동행하는 삶이 더욱 자연스러워집니다. 만약 주님과 동행하는 일이 막연하거나 실감이 나지 않는다면, 믿음이 없거나 아직 미성숙하다는 뜻일 수 있습니다.

하나님의 역사하심을 경험하라

믿음을 성장시키는 첫 번째 길은 하나님의 역사하심을 계속 경험하는 것입니다. 기적을 보거나 은사를 체험하거나, 기도 응답을 경험하면 우리의 믿음은 자연히 달라지게 됩니다. 하나님의 역사가 구체적으로 일어나는 환경 속에서는 믿음이 커질 수밖에 없습니다.

제가 부흥회를 인도하러 한 교회에 간 적이 있습니다. 그 교회는 예배당 건축 문제로 심각한 시험에 빠져 있었습니다. 성도들의 마음이 하나 되지 못한 상태에서 예배당을 건축했고, 많은 부채로 인해 장로님들 간의 갈등도 깊어졌습니다.

그때 우리 교회 장로님들이 은혜도 받고 기도해주시려 그 교회 부흥회에 참석하였습니다. 낮 집회를 마치고 그 교회의 장로님들과 점심식사를 하는 자리에서 우리 교회 장로님들이 그 교회 장로님들에게 "예배당 뒷산이 있던데 지금 사야 해요. 나중에 후회하지 말고 빨리 사세요"라고 권유했습니다.

저는 너무 당황했습니다. 예배당 건축 부채로 시험에 빠져 있는 교회에 뒷산을 사라고 하다니, 마치 불난 집에 기름을 붓는 말처럼 들렸기 때문입니다. 하지만 곧 깨달았습니다. 우리 장로님들이 예배당 건축 과정에서 하나님의 놀라운 역사하심을 너무나 많이 체험했기 때문에 그런 말을 할 수 있었던 것입니다. 믿음이 놀랍게 커진 것입니다. 이처럼 하나님의 역사가 지속적으로 일어나는 환경에 있으면, 자신도 모르게 믿음이 자랍니다.

그러나 기적이나 체험에만 의존하는 믿음은 잘못된 믿음으로 흐르기 쉽습니다. 하나님보다 기적을 더 바라는 신앙이 될 수 있고 기대한 기적이 일어나지 않으면 쉽게 낙심하고 좌절하게 됩니다. 이스라엘 백성들도 끊임없이 기적을 원하다가 실패했습니다. 바울도 "유대인은 표적을 구하고 헬라인은 지혜를 찾으나 우리는 십자가에 못 박힌 그리스도를 전하니"(고전 1:22-23)라고 말했습니다. 기적에 의존하는 믿음은 결국 미혹을 불러옵니다.

1992년 10월 28일, 거짓된 '휴거 예언'으로 온 나라가 들썩였습니다. 거짓 예언에 많은 사람들이 미혹당하였습니다. 그 이유는 너무나 많은 사람들이 동시에 "10월 28일 24시에 내가 오리라"라는 글자를 보았다고 간증했기 때문입니다. 서울뿐 아니라 부산, 미국 등지에서도 같은 체험을 했다고 하니 많은 이들이 분별없이 믿은 것입니다.

성경 말씀으로 분별받지 않고 체험에만 의존하는 믿음은 이처럼 미혹되기 쉽습니다. 하나님의 역사를 체험하면 믿음이 생길 수는 있지만, 그것만으로는 성숙한 믿음이 될 수 없습니다.

말씀을 먼저 믿고 하나님의 역사를 체험하라

믿음을 성장시키는 두 번째 길은 하나님의 말씀을 먼저 믿고, 그다음 하나님의 역사를 체험하는 것입니다. 그런데 도마는 제자들에게 예수님의 부활을 듣고도 믿지 않았습니다. 그는 그 손의 못 자국을 보고 그 못 자국과 옆구리에 내 손을 넣어보지 않고서는 믿지 못하겠다고 했습니다. 전형적인 '체험 중심'의 믿음입니다. 예수님은 그런 도마에게 나타나셔서 이렇게 말씀하셨습니다.

예수께서 이르시되 너는 나를 본 고로 믿느냐 보지 못하고 믿는 자들은 복되도다 하시니라 요 20:29

우리는 보지 않고 믿는 훈련을 해야 합니다. 우리는 지금 예수님을 눈으로 보지는 못합니다. 그러나 주님이 우리와 함께 계신다는 것을 믿습니다. 히브리서 11장 3절에서도 보지 않아도 믿을 수 있다고 했습니다.

믿음으로 모든 세계가 하나님의 말씀으로 지어진 줄을 우리가 아나니 보이는 것은 나타난 것으로 말미암아 된 것이 아니니라 히 11:3

성경 말씀을 먼저 믿고, 그 말씀이 삶 속에서 어떻게 역사하는지를 체험하는 훈련이야말로 믿음을 가장 바르고 건강하게 자라게 하는 길입니다. 체험에만 의존하는 믿음은 어느 순간 정체되고 왜곡될 수밖에 없습니다. 하나님은 우리에게 기적을 계속 보여주시며 우리의 믿음을 키우지는 않으십니다. 예수님께서도 공생애 동안 많은 기적을 행하셨지만, 어느 순간부터 더 이상 기적을 행하지 않으시고 십자가의 길로 가셨습니다. 기적만 바라보며 예수님을 따르던 사람들은 결국 혼란에 빠졌고, 예수님을 떠났습니다. 그러나 말씀을 붙잡고 믿었던 제자들은 끝까지 주님 곁을 지켰습니다.

우리는 예수님을 막연하게 믿고 살아야만 하는 것이 아님을 알아야 합니다. 하나님의 말씀은 지금도 우리 손에 있고, 언제든지 읽을 수 있습니다. 이처럼 하나님의 말씀이 명확하게 우리 곁에 있으므로, 주님과의 동행이 결코 막연하거나 추상적일 필요가 없습니다.

저의 믿음도 그렇게 자랐습니다. 고등학생 때 "예수님이 내 안에 계신다"는 말씀을 처음 들었을 때, 너무나 충격이었고 솔직히 믿어지지 않았습니다. 그러나 그 말씀을 마음에 품고 계속 갈망하며 기도했을 때, 주님이 실제로 제 안에 거하시는 분으로 인격적으로 다가오셨습니다.

갈라디아서 2장 20절, 로마서 6장을 통해 "모든 그리스도인들은 십자가에서 예수 그리스도와 연합하여 이미 죽었고, 이제는 부활하신 예수님과 연합한 자로 새 생명의 삶을 산다"는 말씀을 처음 접했을 때, 믿기 어려웠습니다. 분명히 살아 있는데 이미 죽었다는 것을 어떻게 믿어야 할지 혼란스러웠습니다.

처음에는 두렵고 조심스러웠지만, 그 말씀을 믿고 선포하며 설교하기 시작했을 때, 그 말씀이 실제가 되었고 그 말씀을 삶에서 체험하게 되었습니다. 말씀을 먼저 믿고 나니, 주님과 동행하는 눈이 열렸습니다.

성령의 역사도 마찬가지입니다. 저는 과거에 성령님이 내 안에 계신다는 사실을 믿지 못하고, 계속 성령을 부어주시기를 기도했습니다. 그런데 사실 성령을 갈망하는 것 자체가 성령께서 이미 내 안에 계신다는 증거였습니다.

하나님의 말씀을 정확히 읽고 묵상하면서, 성령께서 내 안에 이미 역사하고 계심을 알게 되었습니다. 그때부터는 "성령님, 제게 임해주세요"라는 기도보다 "성령님, 제게 역사하고 계신 것을 알게 해주세요"라는 기도를 하게 되었습니다. 그 순간부터 성령의 역사를 보는 눈이 놀랍게 열리기 시작했습니다.

하나님의 말씀 위에 믿음을 세워라

우리는 감정이나 느낌에 의존하여 믿으려 해서는 안 됩니다. 감정은 시시각각 변하기 때문입니다. 믿음은 반드시 하나님의 말씀 위에 세워져야 합니다.

예배당에서 많은 성도들과 함께 예배드릴 때는 은혜를 느끼지만, 집에서 혼자 예배드려야 할 때는 그런 은혜를 느끼지 못할 수 있습니다. 그러나 집에서 혼자 예배드린다고 은혜가 작은 것이 아닙니다. 그렇게 느껴질 뿐입니다. 주님은 언제 어디서든 동일하게 역사하십니다. 성도들이 함께 있을 때나 혼자 있을 때나, 평안할 때나 고난 중에 있을 때나 주님은 변함없이 우리와 함께하십니다.

하나님의 말씀에 근거한 믿음을 가지면, 상황이 어떠하든지 함께하시는 주님을 바라보게 되고, 변함없는 하나님의 은혜를 깨달을 수 있습니다.

야고보서를 쓴 야고보는 예수님의 친동생입니다. 그런 그에게 예수님이 메시아이심을 믿는 일은 결코 쉬운 일이 아니었습니다. 하지만 예수님의 말과 행하시는 일을 직접 본 후에, 그는 예수님의 제자가 되었습니다. 예수님을 체험하고 나서 믿음이 생긴 것입니다.

그런데 야고보서를 읽어보면, 야고보의 믿음이 단순히 체험을 바탕으로 한 믿음이 아니라 하나님의 말씀을 먼저 믿는 온전한 믿음으로 성장한 것을 알 수 있습니다.

내 형제들아 너희가 여러 가지 시험을 당하거든 온전히 기쁘게 여기라 이는 너희 믿음의 시련이 인내를 만들어 내는 줄 너희가 앎이라 인내를 온전히 이루라 이는 너희로 온전하고 구비하여 조금도 부족함이 없게 하려 함이라 너희 중에 누구든지 지혜가 부족하거든 모든 사람에게 후히 주시고 꾸짖지 아니하시는 하나님께 구하라 그리하면 주시리라 오직 믿음으로 구하고 조금도 의심하지 말라 의심하는 자는 마치 바람에 밀려 요동하는 바다 물결 같으니 이런 사람은 무엇이든지 주께 얻기를 생각하지 말라 두 마음을 품어 모든 일에 정함이 없는 자로다 약 1:2-8

시험을 당하는데 온전히 기쁘게 여기라는 말씀은 체험에 의존한 믿음과는 전혀 반대되는 태도입니다. 체험에 의존한 믿음은 시험이 오면 하나님께서 자신을 버리신 것으로 여기기 쉽습니다. 그런데 야고보가 시험을 당해도 기뻐하라고 말한 것은 그의 믿음이 온전하게 성장했다는 증거입니다.

믿음이 달라지면 모든 것이 달라진다

복음이 전해지지 않은 나라의 작은 항구들을 찾아가 복음을 전하고 말씀을 가르치는 사역을 하는 선교선 '한나호'의 백부장 선교사님이 있었습니다. 그런데 선교를 마치고 한국으로 돌아오던 중, 태풍을 만나 배의 엔진이 꺼지는 사고가 발생하였습니다. 엔진을 재가동하려고 애를 썼지만 불가능해지자 배에 타고 있던 선교사들은 모두 죽음을 직감하고 낙심하여 쓰러졌습니다.

그때 백부장 선교사님에게 '마지막 예배라도 드려야겠다'는 마음이 들었습니다. 그래서 혼자 찬양을 부르기 시작했는데, 그 소리를 들은 선교사들이 하나둘 일어나 함께 찬송을 부르기 시작했습니다. 처음에는 기운 없는 찬양이었지만, 찬양은 점점 뜨거워졌고 성령의 불 같은 기도가 터져 나왔습니다. 그리고 담대하게 큰 소리로 하나님을 부르며 기도했습니다. 그러자 꺼졌던 엔진이 기적처럼 다시 작동되었습니다. 상황은 여전히 위태로웠지만, 그들은 더 이상 낙심하지 않고 평안하게 식사를 하며 항해를 이어갈 수 있었습니다.

믿음이 달라지면 삶의 반응이 달라지고, 결국 모든 것이 달라집니다. 하나님의 말씀은 우리의 믿음을 일으킵니다. 절망 중에도 찬송하게 하고, 예배하게 하며, 기도하게 합니다. 그 이후에 하나님의 기적을 경험하게 됩니다.

인내를 훈련하라

야고보는 고난과 시험이 계속될 때 반드시 '인내'를 훈련하라고 말합니다.

인내를 온전히 이루라 이는 너희로 온전하고 구비하여 조금도 부족함이 없게 하려 함이라 약 1:4

우리에게 정말 필요한 것이 무엇입니까? 하나님 앞에 서기까지 반드시 갖추어야 할 것은 인내의 믿음입니다. 우리는 하나님의 역사가 우리 삶에 임할 때까지 약속을 붙잡고 낙심하지 않고 기다릴 수 있어야 합니다. 인내하는 믿음이 없으니 중간에서 포기하고 무너지는 것입니다. 하나님의 뜻으로 시작했지만 끝까지 가지 못하는 이유가 바로 인내하는 믿음이 없기 때문입니다.

우리는 우리 눈으로 보지 못하면 두려워하고 흔들립니다. 그래서 하나님은 우리에게 인내를 훈련시키십니다. 보이지 않아도 주님이 함께하신다는 것을 믿도록 하시는 것입니다.

그가 내 앞으로 지나시나 내가 보지 못하며 그가 내 앞에서 움직이시나 내가 깨닫지 못하느니라 욥 9:11

욥은 하나님이 일하시는 것을 전혀 볼 수 없었습니다. 그러나 하나님은 여전히 일하고 계셨고, 욥은 그것을 믿었습니다. 그래서 믿음의 고백을 할 수 있었던 것입니다.

지금도 마찬가지입니다. 우리가 하나님의 역사를 보지 못한다고 해서 하나님이 계시지 않은 것이 아닙니다. 우리가 영적으로 둔하여 깨닫지 못할 뿐입니다. 주님은 지금도 우리와 함께하시며 우리를 인도하고, 우리를 지키고 계십니다. 그러므로 믿음으로 기다리면 반드시 하나님의 역사를 볼 수 있습니다.

너희가 오른쪽으로 치우치든지 왼쪽으로 치우치든지 네 뒤에서 말소리가 네 귀에 들려 이르기를 이것이 바른 길이니 너희는 이리로 가라 할 것이며 사 30:21

우리의 눈에는 주님이 보이지 않지만, 주님이 말씀으로 우리가 가야 할 방향을 알려준다고 했습니다. 앞이 막막하십니까? 주님은 여러분의 길을 정확히 인도하고 계십니다. 다만 우리가 평소에 주님의 음성에 귀를 기울이지 않아서, 정작 꼭 들어야 할 때 주님의 말씀을 듣지 못하는 것일 뿐입니다.

조금만 우리 마음을 살펴보면 아주 세미한 음성일지라도 분명한 주님의 음성을 들을 수 있습니다. 주님은 결코 애매하게 말씀하시는 분이 아닙니다. 다만 우리의 영적 감각이 둔하여 알아듣지 못할 뿐입니다. 마치 폭탄이 터지면 순간적으로 아무 소리도 들리지 않는 것처럼 TV, 유튜브, 핸드폰, 바쁜 일정이 우리의 내면을 시끄럽게 만들어 주님의 세미한 음성을 듣지 못하게 하는 것입니다.

우리가 영적으로 무너져 있을 때 주님은 더욱 크고 분명하게 말씀하십니다. 예수동행일기를 써보면 주님의 음성이 들리기 시작합니다. 주님을 바라보는 눈이 뜨이고, 주님의 음성을 듣는 귀가 열리는 것입니다. 하나님의 말씀을 들으면 고난 속에서도 인내할 힘을 얻게 됩니다.

깨어 기도하라

야고보 사도의 또 다른 권면은 바로 '기도'입니다.

너희 중에 누구든지 지혜가 부족하거든 모든 사람에게 후히 주시고 꾸짖지 아니하시는 하나님께 구하라 그리하면 주시리라 약 1:5

하나님께 기도할 때 말을 유창하게 하지 않아도 됩니다. 하나님께서 원하시는 것은 멋진 문장이나 길고 열정적인 기도가 아니라, 단순히 주님만을 바라보는 태도입니다. 비록 말하지 않더라도, 주님을 의식하고 주님께 마음을 드리는 것 자체가 기도입니다.

기도는 문제가 해결되었느냐, 하나님의 인도하심을 받았느냐, 성령의 뜨거운 임재를 체험했느냐로 응답 여부를 판단할 수 없습니다. 기도의 진정한 응답은 주님 자신이기 때문입니다.

저는 어릴 적부터 기도가 어렵다고 느꼈습니다. 당시 교회 분위기 속에서는 철야기도, 금식기도, 산기도 같은 초인적인 기도만을 '진짜 기도'라고 여겼기 때문입니다. 그래서 기도는 아무나 할 수 없는 대단히 어려운 일이고 무거운 짐인 것처럼 느껴졌습니다. 그러나 그것은 기도에 대해 잘 몰랐기 때문입니다.

기도는 주님 안에서 쉬는 것입니다. 예수님께서 겟세마네 동산에서 제자들에게 "나와 함께 깨어 있을 수 없더냐"라고 하신 말씀은 '내 곁에 앉아 있기만 하라'는 의미였습니다. 즉 기도란 뭔가를 계속 말하려고 애를 쓰는 것이 아니라, 주님 곁에 머무는 것이며, 주님을 바라보는 것입니다.

저는 실제로 주님 안에서 안식을 누리는 기도를 통해 회복을 경험했고, 주님의 음성을 듣는 귀가 열렸습니다. 그것은 정말 놀라운 일이었습니다. 기도의 자리로 나아갈 때 가장 중요한 것은 주님을 신뢰하는 태도입니다. 야고보 사도는 기도할 때 반드시 믿음으로 구하라고 하였습니다.

오직 믿음으로 구하고 조금도 의심하지 말라 약 1:6

영적 침체에서 벗어나라

신앙생활을 하다보면 영적인 침체에 빠질 때가 있습니다. 기도하고, 성경을 읽고, 말씀에 순종해야 한다는 사실은 알지만, 실제로 살아지지 않는 것입니다. 마음은 간절한데 몸이 따라주지 않고, 의지도 사라져버린 것처럼 느껴질 때가 있습니다.

이런 영적 침체에서 벗어나는 길은 의외로 간단합니다. 주님이 친히 우리를 영적 침체에서 건져주시고 거룩하게 하시고 충만하게 하시고 결국 승리하게 하실 것이라는 사실을 진심으로 믿는 것입니다.

죄 사함을 받을 때 우리가 무엇을 했습니까? 아무것도 하지 않았습니다. 단지 예수님이 십자가에서 우리 죄를 다 사하셨다는 사실을 믿었을 뿐입니다. 속죄함을 받는 것이 그렇게 간단하다면 영적 침체에서 벗어나는 길은 얼마나 간단하겠습니까? 우리 스스로 침체에서 벗어나려 발버둥치기 때문에 더 어렵게 느껴지고, 무거운 짐처럼 느껴지는 것입니다.

거룩해지는 것도, 죄를 이기는 것도 전적으로 주님이 하시는 일입니다. 우리가 할 일은 단지 주님이 이루실 것을 믿는 것입니다. 믿음으로 받아들이면 됩니다. 그렇다고 해서 아무것도 하지 말라는 뜻이 아닙니다. 주님께서 그렇게 해주실 것이라는 믿음을 가지고, 그 믿음으로 말하고 행동하라는 것입니다. 영적 침체 속에서 불만과 불평을 쏟아내는 것을 멈추고, 감사와 확신의 고백을 드리라는 것입니다. 왜냐하면 하나님은 언제나 우리를 사랑하신다고 성경이 분명히 말씀하기 때문입니다.

하나님의 사랑이 우리에게 이렇게 나타난 바 되었으니 하나님이 자기의 독생자를 세상에 보내심은 그로 말미암아 우리를 살리려 하심이라 요일 4:9

주님은 반드시 우리를 회복시키시고 일으키실 것입니다. 그렇다면 우리는 믿음으로 고백해야 합니다. "주님이 나를 사랑하신다. 주님이 나를 반드시 일으키신다. 이미 십자가에서 나의 죄의 문제는 끝났다. 더 이상 죄가 나를 사로잡을 수 없다. 예수님께서 나를 붙잡고 계신다. 절대로 나를 포기하지 않으신다. 세상이 조롱하고 비웃어도 나는 하나님의 사랑을 받은 자다. 내 영혼은 죽지 않았다."

사람이 마음으로 믿어 의에 이르고 입으로 시인하여 구원에 이르느니라 롬 10:10

믿음을 회복하는 길

저 역시 믿음이 휘청이는 순간이 수도 없이 많았습니다. 어떨 때는 저 자신이 봐도 너무 비참하고 초라하게 느껴졌습니다. 그러나 감사하게도, 믿음을 회복하는 법을 알게 된 것이 제게는 큰 은혜였습니다.

저는 낙심이 될 때마다 믿음의 고백을 합니다.

"하나님은 나를 버리지 않으신다. 다른 사람들이 나를 정죄하고 미워하더라도, 하나님만은 나를 사랑하신다. 예수님께서 나를 위하여 십자가에 못 박히셨고, 지금도 하나님 보좌 우편에서 나를 위해 기도하고 계신다. 그러므로 하나님께서 나를 외면하실리가 없다."

이렇게 고백할 때마다 저는 영적인 침체에서 벗어날 수 있었고, 흔들리던 믿음이 다시 살아났습니다. 그리고 스스로 영적으로 무너졌다고 느낄 때가 악한 영이 제 믿음을 공격하는 순간이었음을 나중에야 알게 되었습니다.

믿음으로 기도하면, 계속 기도할 힘이 생깁니다. 기도는 더 깊어지고, 마음 안에서 하나님의 역사하심이 실제로 나타나기 시작합니다. 그렇게 우리는 평강을 회복하고, 기쁨을 회복하며, 확신을 회복하게 됩니다.

주님이 여러분을 떠나셨을까요? 결코 그렇지 않습니다. 주님이 여러분 안에 계시지 않을 수도 있을까요? 그럴 리가 없습니다. 여러분이 신앙 문제로 고민하고, 목회자를 찾아가 상담하고, 기도를 부탁하고, 예배를 드리고 찬양하는 그 모든 과정은 바로 예수님이 여러분과 함께하고 계신다는 증거입니다. 성령께서 역사하지 않으시면, 누구도 하나님을 찾을 수 없음을 명심해야 합니다.

미국 워싱턴에서 목회하는 김영봉 목사님이 한 식당 벽면에 걸린 그림에서 다음과 같은 글을 읽었다고 했습니다. "만일 당신이 구덩이에 빠졌다면, 가장 먼저 할 일은 더 파들어 가기를 멈추는 것이다."(If you find yourself in a hole, the first thing to do is stop digging.)

그렇습니다. 주님이 가깝게 느껴질 때도 있고, 멀게 느껴질 때도 있습니다. 하지만 느낌은 진리가 아닙니다. 우리의 영혼 상태는 '내가 어떻게 느끼느냐'가 아니라 '말씀이 무엇이라고 하느냐'에 달려 있습니다. 힘들고 어려울 때일수록 우리는 더 깊이 말씀을 붙잡아야 합니다. 그것이 믿음입니다.

맹인의 심정으로

한번은 새벽기도회에 가기 위해 교회에 갔을 때, 교회 현관에 한 사람이 쓰러져 있었습니다. 그 옆에는 장로님과 전도사님이 어떻게 해야 할지 몰라 난감해하는 모습이었습니다. 순간 큰일이 벌어진 것은 아닌가 가슴이 철렁했지만, 자세히 보니 술에 잔뜩 취해 인사불성이 된 사람이었습니다. 더운 날씨에 넥타이까지 맨 채 서류가방을 들고 있는 것을 보니, 30대 직장인처럼 보였습니다. 결국 경찰이 와서 그를 집으로 돌려보냈습니다.

그날 하루 종일 마음속에 이런 생각이 떠나지 않았습니다. '그는 왜 술에 취해 교회에서 쓰러져 있었을까? 우연히 교회를 지나가다가 쓰러진 것일까? 그는 교회에 어떻게 오게 되었을까?' 어쩌면 그에게 하나님을 향한 갈급함이 있었는지도 모르겠다는 생각이 들었습니다.

바디매오의 갈급함과 믿음

예수님께서 여리고를 지나가실 때, 늘 그곳에서 구걸하던 맹인 거지 바디매오가 있었습니다. 그는 예수님이 지나가신다는 말을 듣고, 주님을 향한 갈망이 뜨겁게 솟구쳐 소리칩니다. "다윗의 자손 예수여, 나를 불쌍히 여기소서!" 예수님을 만나고 싶지만 앞을 볼 수 없어서 그는 목청껏 외쳐 부르짖습니다.

그런데 그의 외침을 들은 사람들은 시끄럽다며 조용히 하라고 꾸짖습니다. 바디매오의 내면 깊은 갈급함을 이해하지 못한 것입니다. 그러나 바디매오는 아랑곳하지 않고 오히려 더 크게 외칩니다. "다윗의 자손이여, 나를 불쌍히 여기소서!"

예수님과 동행하기 위해서는 이처럼 깊은 갈급함이 있어야 합니다. 혹시 지금 바디매오와 같은 심정을 가진 분이 계십니까? 주변 사람들은 그 마음을 이해하지 못할 수도 있습니다. 그런 간절함으로 기도하면, 어떤 사람들은 '조용히 해라', '좀 가만히 있으라'고 핀잔을 줄지도 모릅니다. 그러나 오늘 반드시 주님을 만나야겠다는 절박한 심정에서 나오는 기도를 누가 막을 수 있겠습니까? 바디매오는 바로 그 갈급함으로 주님을 만났습니다.

주님께서 바디매오에게 물으셨습니다. "네게 무엇을 하여 주기를 원하느냐?” 그는 단순히 돈이나 음식을 구하지 않았습니다. 담대한 믿음으로 말합니다. “선생님이여, 보기를 원하나이다.”

바디매오는 예수님이라면 자신의 눈을 뜨게 하실 수 있다는 믿음을 갖고 있었습니다. 우리의 믿음도 기도에 그대로 드러납니다. 믿음만큼 기도한다는 것입니다.

바디매오는 우리에게 보여줍니다. 우리가 가져야 할 갈급함이 어떤 것인지, 믿음이 어떤 모습이어야 하는지를 말입니다. 오늘이 아니면 안 된다는 절박함, 불가능도 가능케 하시는 주님을 향한 믿음, 이것이 우리가 지녀야 할 신앙의 태도입니다.

맹인처럼 매 순간 주님만 의지하라

한번은 기도 중에, 제가 처한 현실이 마치 앞이 보이지 않는 상태에서 운전하는 것 같다는 생각이 들었습니다. 어떤 일이 벌어질지 전혀 알 수 없는 상황에서 살아가고 있다는 인식이 드니 두려움이 밀려왔습니다. 그래서 간절히 외쳤습니다. “주여, 저를 인도하소서!” 그날 기도를 통해 한 가지를 분명히 깨달았습니다. 우리는 앞을 보지 못하는 바디매오처럼, 주님을 향해 간절히 부르짖는 심정으로 기도해야 한다는 사실입니다.

일본 교토에서 사역하시는 한 선교사님이 파송받아 일본에 도착한 후 처음 보낸 편지에는 이런 내용이 담겨 있었습니다.

"선교지에서 하나님의 놀라운 응답과 인도하심을 날마다 경험하면서 '왜 한국에서는 이런 일이 드물었을까?'라는 생각이 들었습니다. 그 이유를 곰곰이 생각해보니, 한국에서는 제가 하나님보다 아는 것이 더 많았고, 제 경험을 더 의지했기 때문이었습니다.

선교지에서는 집을 나설 때마다 간절히 기도하지 않을 수 없었습니다. 지도 한 장 들고 나서며 '하나님, 오늘 어디로 가야 하나요? 길을 잃지 않게 해주시고, 나쁜 사람을 만나지 않게 해주세요. 점심을 먹게 될 때, 이상한 향신료가 들어간 음식을 잘못 시켜서 돈 낭비하지 않게 해주시고, 어떤 음식을 먹더라도 맛있게 먹게 해주세요'라고 하나님께 하나하나 물을 수밖에 없었습니다.

선교지에서 저는 더 이상 제 삶의 주인이 아니었습니다. 예수님이 제 삶의 주님이 되셨습니다. 주님이 도와주시지 않으면 아무것도 할 수 없다는 것을 뼈저리게 느꼈습니다."

하지만 한국에서는 달랐다고 고백합니다.

"집에서 교회 가는 길도 제가 더 잘 알고 있었고, 경험도 풍부했습니다. 그래서 하나님께 '어떻게 할까요? 언제 할까요?'라고 물어본 적이 거의 없었습니다. 저는 다 알아서 결정했습니다. 그러나 선교지에 와서야 깨달았습니다. 예수님은 내 삶의 모든 순간을 인도하기 원하신다는 것을요.

주님은 제게 말씀하셨습니다. '너는 너의 본토, 친척, 아비 집을 떠나 내가 지시하는 땅으로 가라.' 나의 경험과 익숙함을 떠나,

내가 가진 지식이 아니라 오직 하나님의 역사하심으로만 살아가는 자리로 저를 부르셨던 것입니다."

이 선교사님의 편지는 바디매오처럼 주님께 부르짖으며 기도하는 것이 어떤 것인지 가장 잘 보여줍니다. 처음 가는 땅, 아무것도 확실하지 않은 그 자리에서 그는 매 순간 주님께 묻고 맡겼습니다.

우리도 이 마음을 가져야 합니다. '이건 내가 잘 아니까 굳이 기도하지 않아도 된다'는 생각이 주님의 인도하심을 경험하지 못하게 만들고, 결국 주님과의 실제적인 동행을 놓치게 됩니다. 우리가 아무리 익숙하고 잘 아는 것처럼 보여도, 그 순간에도 이렇게 고백해야 합니다. "주님, 가르쳐주세요. 주님, 인도해주세요." 그때 바디매오에게 일어났던 역사(눈이 열리고 주님을 따르게 되는 변화)가 우리에게도 분명히 일어날 것입니다.

보이지 않는 예수님을 보이는 분처럼 바라보라

하나님께서 제게 주셨던 믿음의 목표가 하나 있습니다. 바로 보이지 않는 예수님을 보이는 분처럼 바라보며 사는 삶입니다. 이것이 바로 모세가 가졌던 믿음이었습니다.

믿음으로 애굽을 떠나 왕의 노함을 무서워하지 아니하고 곧 보이

지 아니하는 자를 보는 것 같이 하여 참았으며 히 11:27

맹인 바디매오는 앞을 보지 못하던 시절에는 길가에 앉아 구걸했습니다. 그러나 눈이 뜨이자 예수님을 좇아갔습니다. 이처럼 우리의 영적인 눈이 뜨이면, 우리도 예수님을 따르는 삶을 살게 됩니다. 우리 눈에는 보이지 않을 뿐, 주님은 지금도 분명히 우리와 함께하고 계십니다.

한번은 교역자 수련회를 설악산에서 한 적이 있었습니다. 그날은 유난히 바람이 거세게 불었고, 숙소 창틀에 틈이 있었는지 바람 소리가 너무 크게 들려 잠을 이루기 어려울 정도였습니다.

그런데 새벽녘, 문득 이런 생각이 들었습니다. '바람은 보이지 않지만 소리로 충분히 느껴지는구나. 주님도 보이지 않지만, 함께하심을 느낄 수 있겠구나.'

그 순간 오히려 마음에 큰 은혜가 임했습니다. 예배드릴 때 예수님은 보이지 않지만 찬양하는 가운데, 기도하는 가운데, 말씀을 나누는 가운데 분명히 함께하심을 느낄 수 있습니다.

주님은 지금도 우리 마음 가운데 거하시며, 우리와 동행하십니다. 그리고 주님의 기뻐하시는 뜻대로 오늘도 역사하고 계십니다. 바디매오의 눈이 뜨였듯이, 우리도 이 놀라운 진리에 눈이 열려야 합니다.

하나님께 직접 여쭤보겠습니다

국제 예수전도단(YWAM)의 창립자인 로렌 커닝햄 목사님이 쓴 《하나님, 정말 당신이십니까?》(예수전도단)에는 그의 어릴 적 이야기가 나옵니다.

어느 날, 매우 가난했던 그의 가정에서 식료품을 사야 할 돈을 잃어버렸습니다. 그때 어머니는 기도하기 시작하셨고, 하나님께서 어떤 장소를 떠올리게 하셨다며 가서 찾아보라고 말씀하셨습니다. 그곳에 가보니 정말 그곳에서 돈을 찾았다고 합니다.

또 한 번은 아버지가 출타 중에 병을 얻었다는 소식을 들었습니다. 그때 한 교인이 그의 어머니를 찾아와 말했습니다. "꿈에 하나님께서 당신의 남편이 관에 실려 집으로 돌아오는 모습을 보여주셨습니다." 어머니는 잠시 생각하신 뒤 부드러우면서도 단호하게 말씀하셨습니다. "말씀해주셔서 감사합니다. 어려운 이야기를 하셨다는 것도 압니다. 그러나 저는 하나님께 직접 여쭤보겠습니다. 이것은 매우 중요한 일이기 때문에 하나님께서 저에게 직접 말씀해주시리라 믿습니다."

그리고 다음 날 아침, 어머니는 말씀하셨습니다. "어젯밤 꿈에 아버지가 잠옷 차림으로 기차를 타고 집에 오셨어." 어머니의 말씀처럼 아버지는 건강한 모습으로 돌아오셨습니다. 어머니는 아들에게 이렇게 말했습니다. "하나님의 인도하심을 다른 사람을 통해서만 받는 것은 위험한 일이야. 다른 사람을 통해 하나님의 뜻을 확인할 수는 있지만, 정말 중요한 일이라면 하나님께서 반드시 직접 말씀해주실 거야."

이와 같은 믿음의 유산이 있었기에 로렌 커닝햄 목사님은 열방을 향해 나아가는 선교 운동을 시작하게 되었고, 지금의 예수전도단(YWAM)이 세워지게 된 것입니다.

예수님은 막연히 믿는 존재가 아닙니다. 예수님은 지금도 실제로 우리의 삶을 인도하고, 이끌어가는 분이십니다. 그러므로 예수님을 믿는다고 하면서 단순히 "도와주세요"라는 기도만 해서는 안 됩니다. 예수님이 계신 것은 알지만, 어디 계신지 알 수 없는 맹인의 상태라면, 우리도 바디매오처럼 소리 내어 외쳐야 합니다. "주님, 제 눈이 뜨이게 해주세요!", "주님, 주님을 보게 해주세요!" 그렇게 간절히 기도할 때, 우리의 영적인 눈이 열리게 되는 것입니다.

오직 주님만 구하라!

사도 바울은 그의 삶을 이렇게 고백했습니다.

내가 그리스도와 함께 십자가에 못 박혔나니 그런즉 이제는 내가 사는 것이 아니요 오직 내 안에 그리스도께서 사시는 것이라 이제 내가 육체 가운데 사는 것은 나를 사랑하사 나를 위하여 자기 자신을 버리신 하나님의 아들을 믿는 믿음 안에서 사는 것이라 갈 2:20

우리도 사도 바울처럼 우리를 위해 죽으시고 부활하신 예수님을 믿는 믿음 안에서 살아야 합니다. 이것이 바로 나는 죽고 예수로 사는 삶입니다. 이러한 믿음을 분명히 가지면, 우리는 믿음으로 예수님과 친밀히 동행하게 됩니다.

어학연수를 위해 인도에 갔던 한 자매가 주일에 현지 교회를 방문했는데, 그 교회는 30명 정도의 젊은이들이 모인 작은 공동체였다고 합니다. 그리고 자매가 방문한 날 목사님이 안 계셔서 청년들이 돌아가며 설교를 했다고 합니다. 그런데 그 설교와 예배 가운데 놀라운 은혜와 성령 충만함을 느꼈다고 고백하며 이런 간증을 전해주었습니다.

"이들은 정말 열정적이었어요. 한인 교회에서 느껴보지 못한 열정과 성령 충만함이 매주 가득해요. 저는 성령님의 임재 가운데 울고 또 울었습니다. 이들이 예배 시간에 구하는 것은 오직 성령님뿐이었어요."

또 자매는 그들이 드린 예배에 대해 이렇게 표현했습니다.

"성경책도 너덜너덜하고, 표지가 찢어진 성경을 들고 기도하는데 그 기도는 단순한 간구가 아니라, 모든 단어를 동원해 주님을 찬양하고, 주님의 이름을 높이고, 주님의 아름다움과 위대하심을 노래하고, 주님의 임재를 사모하고, 아름다운 날을 주신 것, 모여 예배하게 하신 것에 감사하며, 오직 그 교회에 충만하게 임재하실 것만 구하였습니다. 그 기도에 엄청난 감동을 받았어요. 주님의 임재를 사모하며 초청하는 기도였어요.

우리는 주님께 예배드리는 순간에도 이것저것 구하는 것이 많잖아요? 그런데 이들은 오직 성령님만을 구하고 하나님의 위대하심만 찬양해요. 그래서 성령 충만함이 느껴져요. 간절히 구하니 주님께서 더 강력하게 임하실 수밖에 없다는 생각이 절로 들더라고요.

오직 주님께만 집중하고, 오직 주님만 찬양하고, 온통 주님으로만 가득한 이 예배와 기도와 찬양들로 인하여 가슴이 벅찬 주일이었어요. 기도는 온통 주님을 찬양하는 단어들로만 가득합니다. 할 수 있는 모든 단어들을 동원하여 주님을 높이는 예배가 얼마나 감격스러운지 모르겠어요."

그리고 마지막으로 이렇게 고백했습니다.

"우리의 예배도 이런 예배가 되면 좋겠어요. 오직 주님을 찬양함과 주님의 거룩하고 영광스러운 이름을 높이는 언어들로만 가득차면 좋겠다는 생각을 했어요. '도와주세요'라는 기도보다, 오직 예수님, 성령님, 아버지 하나님만을 찬양하고 구하는 예배요. 주님은 그만큼 충분히 찬양받기에 합당하신 분이니까요!"

저는 이 메일을 읽으며 주님께서 제게 이렇게 말씀하시는 것 같았습니다. "이것저것 구하지 말고, 오직 나만 구하라!"

우리 삶에는 많은 문제들이 있지만, 예수님 안에 있으면 다 풀릴 문제들입니다. 그러므로 우리는 이렇게 기도해야 합니다. "주님을 원합니다", "주님 안에 거하고 싶습니다", "주님을 보는 눈이 뜨이게 해주세요!" 주님은 그 기도를 기다리고 계십니다.

내 생각인가, 주님의 음성인가?

24시간 주님을 바라보며 살아가면서 깨달은 진리는 주님께서 우리의 삶을 정말 구체적으로 인도하신다는 것입니다.

주님은 종종 생각을 통해 우리에게 말씀하십니다. 물론 모든 생각이 주님의 음성은 아닙니다. 그러나 기도하는 중에, 다른 사람은 전혀 알 수 없는 자신에게만 해당되는 메시지가 마음에 깊이 깨달아질 때가 있습니다. 그것은 주님께서 지금 내 안에 거하시며 역사하신다는 것을 알려주시는 순간입니다.

병원을 운영하는 한 의사 집사님이 계셨는데, 그분은 늘 주님의 음성을 더 분명히 깨닫기를 간절히 원하셨습니다. 자신의 생각인지, 주님의 음성인지 구별하기가 쉽지 않았기 때문입니다.

그 집사님 병원에 일 처리가 미숙한 직원이 한 명 있었습니다. 실수가 반복되면 큰 의료 사고로 이어질 수도 있었기에 자주 지적하고 꾸짖을 수밖에 없었고, 그럴 때마다 마음이 불편했다고 합니다. 그런데 어느 날 집사님은 병원에 있는 전 직원에게 커피를 사주셨습니다. 그날따라 평소 불친절하던 그 직원이 환자와 보호자들을 환한 얼굴로 친절하게 대하는 모습이 너무 기쁘게 느껴졌기 때문이었습니다.

집사님은 그 직원에게 자신이 그날 왜 전 직원에게 커피를 샀는지 이유를 말해주고 싶었지만, 그런 말이 익숙하지 않아 주저하게 되었는데, 문득 '이 생각은 내 생각이 아니라 주님의 음성이다'라는 것이 깨달아졌다고 합니다. 자신의 생각이었다면 이렇게까지 고민되거나 부담스럽지 않았을 것이기 때문입니다.

그 순간 집사님은 자신의 생각과 주님의 음성을 어떻게 구분해야 하는지에 대한 통찰을 얻었다고 고백하셨습니다.

맹인 바디매오의 심정으로 기도하라

예수님을 영접한 사람이라면 누구든지 주님이 함께하십니다. 주님은 우리에게 그 사실을 분명히 알게 해주시기를 원하십니다. 그래서 우리의 귀를 열어주시고, 눈을 열어주시는 것입니다. 주님은 우리의 삶을 인도하기를 원하십니다. 이렇게 주님과 친밀히 동행하는 삶이 그리스도인이 누리는 가장 큰 축복입니다.

이 축복의 핵심은 믿음입니다. 맹인 바디매오가 갈급한 심정으로 기도했던 것처럼, 우리가 주님께 부르짖을 때 열리지 않을 눈과 귀가 없습니다. 그것이 은혜의 삶의 시작입니다. 주님께서 친히 이끄시는 놀라운 인도하심의 삶입니다.

한번 눈을 감고, 예수님이 지나가시는 길가에 앉아 있는 맹인 바디매오의 심정으로 기도해보시기 바랍니다. 주님은 지금도 분명히 여러분 안에 거하고 계십니다. 하지만 어떤 분에게는 예수님이 내 안에 계신다는 것이 막연하게 느껴지고, 주님의 말씀이 잘 들리지 않는다고 느껴질 수 있습니다. 바디매오도 처음에 그렇지 않았겠습니까? 그러나 그는 멈추지 않았습니다.

　주님은 우리가 계속해서 영적으로 앞을 보지 못하는 사람으로 살기를 원하지 않으십니다. 우리가 주님의 이끄심과 인도하심을 분명히 알며 살아가기를 원하십니다. 그러니 이렇게 기도해보십시오. "주님, 제가 눈을 뜨기 원합니다. 주님, 제 눈을 열어주옵소서."

벼랑 끝에 서는 용기

나는 죽고 예수로 사는 삶, 그리고 주님과 친밀히 동행하는 삶은 말로 다 표현할 수 없는 축복입니다. 그 축복은 결코 개인에게만 머무르지 않습니다. 그러한 삶을 살아가는 사람이 있다면, 하나님께서는 그가 속한 민족과 나라까지도 복 주시기를 기뻐하십니다.

예수님과 친밀히 동행하는 사람을 하나님께서 얼마나 사랑하시겠습니까? 그리고 그처럼 예수님과 친밀히 동행하는 사람이 살고 있는 나라를 하나님께서 어찌 쉽게 포기하실 수 있겠습니까? 그러므로 이 땅의 그리스도인들이 '나는 죽고 예수로 사는 삶'을 살며, 예수님과 친밀히 동행하는 것 자체가 나라를 위한 가장 위대한 애국이 되는 것입니다.

하나님께서는 진실하게 자신을 찾고, 그분을 의지하며, 그 뜻대로 살아가려는 단 한 사람만 있어도 그 땅을 향한 징계를 거두시겠다고 약속하셨습니다.

너희는 예루살렘 거리로 빨리 다니며 그 넓은 거리에서 찾아보고 알라 너희가 만일 정의를 행하며 진리를 구하는 자를 한 사람이라도 찾으면 내가 이 성읍을 용서하리라 렘 5:1

이 땅을 위하여 성을 쌓으며 성 무너진 데를 막아 서서 나로 하여금 멸하지 못하게 할 사람을 내가 그 가운데에서 찾다가 겔 22:30

저는 간절히 바랍니다. 바로 우리가 지금 이 시대를 위한 그 '한 사람'이 되기를 말입니다.

우리에게 너무나 중요한 문제가 있다면, 영적으로 무너지거나 메마르지 않는 삶을 사는 것입니다. 우리가 주님을 뜨겁게 사랑하고, 믿음의 간증이 계속되며, 성령 충만한 삶을 살아가는 것이 가정을 살리고, 교회를 살리고, 나라를 살리는 길입니다. 우리 영혼이 살아 있다는 그 자체가 하나님께 드리는 가장 큰 예배입니다.

하나님만 의지하는 믿음

혹시 지금 여러분은 주변의 상황이나 불안정한 시대 때문에 마음이 상해 있지는 않습니까? 기쁨도 없고, 은혜도 사라지고, 기도의 능력도 잃어버린 것 같습니까? 그렇다면 우리는 지금 자신의 삶이 성경과 얼마나 일치하고 있는지를, 예수님 안에 거하며 그분과 얼마나 친밀히 동행하고 있는지를 점검해보아야 합니다. 사도 바울도 수많은 환난을 겪었지만 복음 전파를 멈추지 않았습니다.

형제들아 우리가 아시아에서 당한 환난을 너희가 모르기를 원하지 아니하노니 힘에 겹도록 심한 고난을 당하여 살 소망까지 끊어지고 고후 1:8

이 말씀을 통해 우리는 사도 바울이 얼마나 극심한 고난을 겪었는지를 알 수 있습니다. 살 소망이 완전히 끊어지고, 꼼짝없이 죽음을 맞을 것 같았던 순간이 있었던 것입니다. 그러나 그때 바울은 자신을 의지하지 않고, 오직 죽은 자를 다시 살리시는 하나님을 의지함으로 그 고난을 이겨냈습니다.

우리는 우리 자신이 사형 선고를 받은 줄 알았으니 이는 우리로 자기를 의지하지 말고 오직 죽은 자를 다시 살리시는 하나님만 의지하게 하심이라 고후 1:9

우리도 사도 바울이 가졌던 그 믿음, 곧 죽은 자를 다시 살리시는 하나님만을 의지하는 믿음으로 살고 있는지 점검해보아야 합니다. 우리에게 그 믿음이 부족하다면, 그것은 우리의 일상에서 믿음으로 순종하며 살지 않았기 때문입니다.

오병이어의 기적은 어떤 상황에서 일어났습니까? 믿음으로 순종했을 때였습니다. 물이 포도주로 바뀌는 기적은 어떤 상황에서 일어났습니까? 역시 믿음으로 순종했을 때였습니다. 우리가 정말로 살아 계신 하나님의 역사를 경험하고자 한다면, 성경이 말하는 삶을 살아야 합니다. 온전한 믿음으로 하나님의 말씀에 순종하는 삶 말입니다.

벼랑 끝에 서는 믿음

여러분은 벼랑 끝에 서본 적이 있습니까? 고소공포증이 있는 사람이 아니더라도 가파른 절벽 가장자리에 선다는 것은 매우 두려운 일입니다. 한 걸음만 잘못 디디면 절벽 아래로 떨어질 수 있기 때문입니다.

믿음으로 산다는 것은 바로 그 벼랑 끝에 서는 심정으로 살아가는 것입니다. 이것은 단순히 구원받았다고 믿는 것과는 다릅니다. 정확한 의미는 다윗이 하나님의 살아 계심을 굳게 믿고 골리앗 앞에 섰던 심정과 같은 것입니다. 그는 골리앗이 전혀 두렵지 않았고, 오히려 자신이 반드시 이길 것이라는 확신을 가졌습니다. 이것이 바로 벼랑 끝에 서는 믿음입니다. 사도 바울도 바로 그렇게 살았습니다.

그가 이같이 큰 사망에서 우리를 건지셨고 또 건지실 것이며 이 후에도 건지시기를 그에게 바라노라 고후 1:10

이 말씀을 읽는 것은 정말 은혜롭지만, 깊이 묵상해보면 사도 바울이 너무나 극심한 두려움 가운데 있었음을 알 수 있습니다. 그는 단순한 사망이 아니라 '큰 사망'이라고 표현했습니다. 단순히 죽는 것이 아니라, 너무나 비참하게 죽을 수밖에 없는 상황이었음을 말합니다. 인생에서 그런 일을 한 번 겪는 것만으로도 힘들 텐데, 바울은 과거에도 있었고, 지금도 있으며, 앞으로도 있을 것이라고 고백합니다. 얼마나 힘겹고 두려운 삶이었겠습니까?

우리는 본성적으로 두려운 삶을 피하고 싶어 합니다. 성경 말씀으로만 접하길 원하지, 그런 삶이 자신의 고백이 되는 것은 원치 않습니다. 편안하게, 고생 없이, 내 뜻대로 살아가기를 원합니다. 그리고 그런 삶이 하나님의 사랑을 받는 것이고, 복된 삶이라고 생각하는 그리스도인들도 많습니다.

하지만 그것은 어린아이 수준의 믿음입니다. 여기서 말하는 어린아이는 순수하다는 의미가 아니라, 유치하고 미성숙하다는 뜻입니다.

인도네시아에서 대학을 운영하며 선교하시는 이용규 선교사님이 한번은 아들과 함께 코스타 집회에 참석했다고 합니다. 집회가 열린 호텔에 수영장이 있었는데, 아들은 수영복을 챙기지 않아 수영을 할 수 없는 것을 아쉬워했습니다. 그런데 수영장에서 마침 수영복을 발견하고 하나님의 은혜라고 생각하고 감사하며 신나게 놀다가 수영복을 다시 제자리에 놓고 왔다고 합니다.

그런데 다음 날, 수영복이 그 자리에 있기를 기대하고 수영장에 갔지만 이번에는 없었습니다. 그러자 아이는 하나님께 실망하며 하나님이 계신 것이 맞냐고 불평을 쏟아냈습니다. 수영복 하나로 전날에는 하나님께 감사하던 아이가 그다음 날 하나님이 정말 계시냐고 따진 것입니다.

어린아이니까 귀엽게 볼 수 있습니다. 하지만 어른이 되어서도 여전히 그 수준이라면 심각한 문제입니다. 하나님을 내 필요를 채워주는 분, 고난은 막아주는 분, 불편은 제거해주는 분으로만 여긴다면, 간증도 없고, 은혜의 깊이도 없고, 기쁨도 사라집니다. 결국에는 하나님이 정말 살아 계신지조차 의심하며 살게 됩니다.

하나님이 광야로 이끄시는 이유

하나님은 우리를 종종 벼랑 끝으로 몰아가십니다. 때로는 너무하시다는 생각이 들기도 합니다. 언제나 함께하시는 하나님을 믿고 산다는 것은 단순히 구원받았다는 것만 믿는 것이 아닙니다. 하나님은 우리를 한 걸음만 더 가면 절벽에서 떨어지는 벼랑 끝으로 몰아낼 때가 있습니다. '이러다가 죽는 거 아니야? 이러다가 끝나는 거 아니야?' 그런 심정일 때가 한두 번이 아닙니다.

하나님은 모세도 벼랑 끝에 세우셨습니다. 노인이 된 모세에게 바로 앞에 가서 이스라엘 백성을 풀어주라는 말을 전하라고 하셨습니다. 정말 벼랑 끝에 서라는 명령입니다. 노인이 된 모세가 어떻게 이집트 왕에게 가서 하나님의 백성을 다 풀어주라고 요구할 수 있습니까? 하지만 모세는 순종했고, 하나님은 이스라엘 백성을 애굽에서 구원해내셨습니다.

그러나 애굽에서 구원받은 이스라엘 백성에게 곧바로 '젖과 꿀이 흐르는 땅'이 펼쳐진 것은 아니었습니다. 오히려 광야가 기다리고 있었습니다. 그들은 더 나은 땅이 아닌, 황량한 사막으로 내몰렸습니다. 수백만 명이 넘는 백성들이 매일의 생존을 전적으로 하나님께 의지해야 하는 상황에 놓였습니다. 하나님은 그들에게 매일 만나를 내려주셨습니다. 그러나 그날 먹을 만큼만 거두게 하셨고, 욕심내어 더 거두면 상해서 먹을 수 없게 하셨습니다.

이처럼 광야에서 매일 하나님이 주시는 하루 먹을 만나만으로 살아야 하는 이스라엘 백성들의 마음이 벼랑 끝에 서는 심정이었을 것입니다. 혹시 지금 여러분 중에도 그런 형편에 있는 분이 계신가요? 가진 것이 하루 먹을 것뿐이고, 매일 주님께 생존을 구해야 하는 상황 말입니다. 그런데 이스라엘 백성은 40년을 그렇게 살았음을 기억하기 바랍니다. 벼랑 끝에 서도 하나님은 죽게 하지 않으셨습니다. 절벽에서 떨어지게 하지 않으셨습니다. 그렇지만 벼랑 끝에 가서 서 있게는 하셨습니다.

이스라엘 백성은 그렇게 매일의 광야 훈련을 40년 동안 받았습니다. 하나님은 왜 그토록 긴 시간을 그렇게 이끄셨을까요? 그 이유는 단 하나입니다. 사도 바울이 고백한 것처럼 하나님만 전적으로 의지하는 믿음을 훈련시키기 위함입니다.

죽은 자를 다시 살리시는 하나님만 의지하게 하심이라 고후 1:9

우리가 진정 이 믿음을 갖게 된다면 어떤 상황에서도 살 수 있습니다. "하나님은 반드시 나를 먹이신다", "어떤 형편에서도 하나님은 나를 살리신다"는 이 믿음이 진심이라면 우리는 어디에 가든 살 수 있고, 어떤 환경에서도 승리할 수 있습니다. 이스라엘 백성들이 매일 만나를 먹으며 하나님이 우리를 끝까지 먹이고 살리신다는 믿음이 생기니까 가나안 땅에 들어가게 된 것입니다.

우리에게도 하나님은 동일하게 역사하십니다. 이것이 하나님이 사랑하는 자들을 광야로 이끄시는 이유입니다. 많은 신실한 그리스도인들이 광야를 살아갑니다. 처음에는 좌절합니다. 그러나 시간이 지나고보면, 그것이 믿음으로 사는 삶의 준비 기간이었음을 깨닫게 됩니다.

안전지대를 떠나 위험지대로 들어가라

YWAM 남미 책임자였던 알레한드로 로드리게스 목사는 그의 책 《한계 너머에서 만난 하나님》(예수전도단)에서 "하나님은 언제나 한계 너머에서 우리를 부르신다"고 말했습니다. 우리가 그 한계를 넘어서려 할 때, 불편하고 두렵지만 바로 그 자리에서 하나님을 만나게 된다는 것입니다. 그는 외쳤습니다. "안전지대를 떠나 위험지대로 들어가라!"

안전지대와 위험지대를 가르는 기준은 한 가지입니다. 계속 하나님을 바라보게 되느냐, 아니냐입니다. 하나님을 바라보지 않아도 되는 안전지대가 영적으로는 위험지대이고, 하나님만 바라보아야 하는 위험지대가 영적으로는 안전지대라고 했습니다.

살아 계신 하나님을 경험하고자 한다면 우리는 안주하지 말고, 하나님이 원하시는 자리, 위험이 도사리는 그 자리로 나아가야 합니다. 두려움 때문에 한계를 넘지 못하는 사람은 하나님을 믿는다고 말할 수는 있어도 실제로는 하나님을 생생하게 체험하며 살지 못합니다.

월급을 받는 사람은 자칫 하나님이 아니라 회사 사장을 바라보며 살기 쉽습니다. 그런 사람이 영적으로는 위험한 상태에 있는 것입니다. 그렇다고 회사에 사표를 내라는 것은 아닙니다. 하나님께서 원하시는 삶은 어떤 환경에 있든 오직 하나님만을 계속 바라보는 삶입니다.

우리가 안전하게 살고 싶다고 해서 진정 안전한 삶을 살 수 있는 것은 아닙니다. 위궤양에 걸리지 않기 위해 자극적인 음식이나 음료를 피하고, 일찍 자고 일찍 일어나며, 분노하지 않기 위해 논쟁을 피하고, 남의 일에 얽히지 않고 자신의 일에만 집중하고, 꼭 필요한 데만 돈을 써가며 저축한다고 해도, 어느 날 갑작스러운 사고로 생명을 잃을 수 있습니다.

가장 안전한 삶은 풍랑 앞에서 도망치거나 외면하는 것이 아니라, 물 위를 걸으시는 주님의 리듬에 맞추는 삶입니다. 풍랑 이는 세상에서 살아가는 유일한 길은 예수님과 함께 걷는 것입니다.

하지만 풍랑이 거세질수록 우리는 도망치려는 마음이 앞섭니다. 그래서 예수님과 동행하는 삶을 훈련하는 데 가장 좋은 환경이 벼랑 끝에 서는 상황인 것입니다. 주님만 붙들어야 하는 상황이 되지 않으면, 주님만 의지하는 훈련은 이루어지지 않습니다.

주님께서 "이건 연습이야. 실제로 위험하지는 않아"라고 하시며, 땅바닥에 선을 긋고 "여기를 절벽이라고 생각하고 걸어와"라고 하시면, 우리는 별 어려움 없이 그 선까지 걸어갈 수 있습니다. 하지만 실제 절벽 위에 서서 "한 걸음 더 내디뎌라"라고 하시면 이야기는 달라집니다. 주님이 붙잡아주겠다고 약속하셨어도, '정말 붙잡아주실까?' 하는 의심과 두려움이 몰려옵니다. 그 한 걸음을 내디디는 일이 너무나 힘들어지는 것입니다.

그런 일이 실제로 우리 삶 속에서 계속해서 일어납니다. 하나님께서 당신의 사람을 믿음으로 세우실 때, 꼭 이러한 방식으로 훈련하신다는 것을 우리는 기억해야 합니다. 그러므로 벼랑 끝에 서는 것을 두려워하지 마십시오. 그때가 바로 주님과 나 사이를 점검할 수 있는, 너무나 소중한 믿음의 훈련 기회입니다.

어느 장로님이 "회사도 교회라고 생각하고 근무하다보니 제 태도와 말이 달라졌습니다"라고 고백한 글을 읽은 적이 있습니다. 예배당에서든 직장에서든 우리는 항상 주님 안에 거하는 삶을 살아야 합니다. 일터 사역 컨퍼런스에서 간증하신 장로님은 월요일 아침마다 이렇게 외친다고 합니다. "은혜 받으러 출근합니다!" 이런 믿음과 고백이 있을 때, 삶에서 간증이 생겨납니다. 우리는 믿음으로 주님께 온전히 순종하는 삶을 꾸준히 살아야 합니다. 그것이 하나님께서 우리와 함께하시고, 역사하시는 것을 경험하는 비밀입니다.

하나님께서 원하시는 것은 단지 착하게 사는 것이 아닙니다. 가정이나 교회, 일터 등 삶의 모든 자리에서 주님이 함께 계신 것을 정말 믿고, 죽은 자도 살리신 하나님만 전적으로 의지하며 순종하는 것을 하나님이 진정 원하십니다. 이렇게 사는 것은 돈키

호테처럼 무조건 불 속이나 물 속으로 뛰어들거나, 무조건 배에서 뛰어내리는 것이 아닙니다. 하나님이 말씀하신 것, 주님이 하라고 하신 것에 순종하라는 것입니다.

벼랑 끝에 서라

저의 할아버지께서는 선교사를 도우며 평신도 조사로 교회를 섬기시다가 신학을 마치고 목사가 되셨습니다. 하지만 당시 교회 형편상 전임 사역자로 생계를 유지하기 어려워, 잠시 시장에서 빵을 파셨던 적이 있었습니다. 좌판에서 받아온 빵을 파셨다는데 얼마나 서글픈 일이었겠습니까? 그런데 장사를 시작한 지 사흘째 되던 날, 할머니께서 "여보, 우리 돌아가요"라고 하시자 할아버지는 아무 말 없이 교회로 돌아가셨습니다. 그 결단은 먹고사는 문제를 하나님께 맡긴 믿음의 고백이었습니다. 그리고 한국전쟁 중에 순교하셨습니다.

제가 38세가 되던 해, 서울의 한 교회 부흥회 강사로 초청받아 서울의 최고급 호텔에 머물게 되었는데, 문득 순교하신 할아버지가 떠올랐습니다. '지금 내가 누리는 이 호강이 할아버지의 상급이구나' 하는 생각이 들면서 호텔 바닥에 무릎 꿇고 눈물을 흘렸습니다. 그 순간 옥토밭 사명이 아니라 돌짝밭 사명이 더 귀하다는 것을 깨달았습니다.

그날 저는 돌짝밭 사명을 외면하지 않겠다고 결단했습니다. 그 결단이 훗날 선한목자교회로의 청빙에 순종하는 계기가 되었습니다. 교회는 당시 중단된 예배당 건축을 완공해야 했고, 엄청난 건축 부채를 상환해야 했으며, 그 큰 예배당을 교인들로 채워야 했습니다.

하지만 제 안에 계신 예수님은 그러한 것들을 목표로 목회하지 말라는 감동을 주셨습니다. 제가 붙들어야 할 유일한 목표는 예수님 그분 자신이었습니다. 그래서 부임 설교의 주제도 "예수님을 바라보자"는 것이었습니다. 그 고백은 제게 있어 벼랑 끝에 서는 것과 같았습니다. 그러나 계속 주님을 바라보았더니 모든 문제는 해결되었고, 선한목자교회가 세워졌습니다.

벼랑 끝에 서라는 말은 무조건 극단적인 결정을 하거나 무모한 모험을 하라는 뜻이 아닙니다. 그것은 오직 한 가지를 의미합니다. "예수 그리스도를 바라보라. 예수님이 하라고 하시는 일에 순종하라." 그 길이 바로 믿음의 길이며, 주님과 함께 걷는 가장 안전한 길입니다.

믿음으로 살기 위한 재정 훈련

말레이시아에서 선교사 수련회를 인도하던 중, 열정적으로 사역을 감당해오신 선교사님들이 밤늦게까지 애통하며 눈물로 기도하시는 모습을 보았습니다. 그 이유를 들으니 마음이 아팠습니다.

그 분들은 생명을 바치는 마음으로 선교지에 나갔고, 현장에서 온 힘을 다해 일하며 밤을 새워 기도하기도 했지만, 어느 순간 주님을 바라보지 않고 사역만 계속하고 있는 자신을 발견하게 되었다는 것입니다. 그래서 다시 주님을 바라보는 눈을 뜨기 위해 애통하며 기도하고 계셨던 것입니다.

계속하여 예수님을 바라보는 것은 우리에게도 너무나 중요합니다. 주님은 종종 우리를 벼랑 끝에 서게 하심으로써 다시 예수님을 바라보게 하십니다. 그 벼랑 끝에 서는 믿음을 가장 자주 경험하는 영역 중 하나는 재정 문제입니다.

우리는 믿음과 돈, 두 가지를 함께 가지고 싶어 하지만, 믿음으로 살기 위해 돈을 내려놓아야 하는 순간이 반드시 찾아옵니다. 때로는 재정의 공급이 갑자기 끊기기도 하고, 그로 인해 마음이 무너질 때도 있습니다. 그럴 때 우리는 자신이 혹시 돈을 더 의지하고 있었던 것은 아닌지 돌아보아야 합니다.

또한 재정적으로 여유로울 때, 자신이 가진 모든 것이 하나님이 맡기신 것임을 믿고 살았는지, 십일조와 감사헌금, 구제에 있어서 하나님의 뜻에 따라 순종하며 살았는지 점검해보아야 합니다. 물론 가진 것을 다 팔아 가난한 사람에게 나누는 것만이 믿음으로 사는 것은 아닙니다. 하나님이 원하시는 것은 재정에 있어서도 하나님의 말씀에 순종하는 삶입니다.

하나님께서 "가진 것을 다 주라" 하신다면, 우리는 당연히 순종해야 합니다. 그리고 그 순종을 통해 얻게 되는 보상은, 더 많은 물질이 아니라 하나님을 더 깊이 알아가게 되는 것입니다. 그것은 어떤 소유보다도 더 크고 놀라운 축복입니다.

하지만 현실은 어떻습니까? 많은 그리스도인이 하나님보다 돈을 더 믿음직하게 여깁니다. 그래서 결국 하나님께 순종하지 못하게 되는 것입니다. 하나님은 우리에게 필요한 것을 즉시 채워주시기보다는, 우리의 인격이 자라고 믿음이 커지고 하나님의 방법대로 사는 것을 가르치고 싶어 하십니다. 하나님께서는 모든 것이 주님께로부터 온다는 사실을 우리가 진정으로 믿기 원하십니다. 그래서 때로는 재정의 공백을 통해 믿음을 훈련하십니다.

믿음은 하나님의 음성을 듣고 순종한 뒤, 자신의 힘으로 할 수 없는 모든 상황을 하나님께 맡기고 신뢰하는 것입니다. 계속해서 하나님의 음성을 들으며, 번 돈을 어떻게 쓸지 주님께 묻고, 삶의 모든 영역에서 주님께 순종하며 사는 것입니다.

명심해야 할 것은 하루하루 주님의 공급에 의지하여 살아가는 삶일수록 하나님의 음성에 귀 기울이기 쉬우며, 형편이 좋아질수록 오히려 하나님의 음성을 듣기 어려워진다는 사실입니다. 많은 사람이 경제적 문제가 해결되면 하나님을 더 잘 섬기겠다고 기도하지만, 실제로는 그렇지 못한 경우가 많습니다. 우리에게 정말 중요한 것은 공급하시고, 건지시며, 인도하시는 하나님을 끝까지 신뢰하는 것입니다.

예수님께 미래를 맡기고, 예수님이 기뻐하실 일을 행해 나가다 보면, 어느 순간 벼랑 끝에 서 있는 자신을 발견하게 됩니다. 그때 하나님께서는 놀랍게도 적재적소에 사람을 보내시고, 환경을 움직여서 반드시 역사하십니다. 그러니 두려워하지 말고, 계속 예수님을 바라보아야 합니다. 그분만이 우리의 참된 공급자이시며, 언제나 길을 여시는 분입니다.

광야를 지나는 믿음

   인생을 비유하자면 산을 오르는 것 같습니까? 아니면 광야를 걷는 것 같습니까? 만약 지금 여러분이 새로운 사업을 시작하거나, 고시 공부에 도전 중이거나, 자녀가 대학 입시를 앞두고 있다면 인생이 마치 산을 오르며 정상을 향해 나아가는 여정처럼 느껴질 것입니다.

   그러나 장례식에 참석해 세상을 떠난 사람의 인생을 돌아볼 때, 우리는 인생이 반드시 '성공'해야만 하는 것이 아니라는 사실을 깨닫게 됩니다. 인생에는 성공보다 더 중요한 것이 있습니다. 그것은 바로 도착해야 할 목적지에 제대로 도달하는 것입니다.

   그렇습니다. 우리에게는 반드시 도착해야 할 목적지가 있습니다. 그것은 산을 정복하는 것 같은 성공이 아닙니다. 하나님께서 계획하신 그 자리에 이르는 것입니다. 하나님이 계획하신 곳에 도착한 사람의 장례식은 그의 삶이 아무리 고되고 힘들었을지라도 찬송과 은혜로 가득한 예배가 될 수 있습니다.

반면에 겉으로 보기에는 세상에서 성공한 것 같고 화려한 삶을 산 것 같은데, 하나님께서 이끄신 목적지에 도달하지 못한 사람의 장례식은 무슨 말로 위로하고 어떻게 예배해야 할지 매우 난감하고 안타깝기만 합니다. 인생은 산을 정복하는 것이 아닙니다. 광야를 통과하는 것입니다. 이것을 깨닫는 것이 진정 성공적인 인생을 사는 지혜입니다.

인생은 광야를 통과하는 것이다

이진희 목사님의 책 《광야를 읽다》(두란노)에서는 "인생은 광야를 통과하는 것이다"라는 주제를 매우 인상 깊게 설명합니다. 이 사실을 깨닫게 되면 인생을 바라보는 관점이 완전히 바뀝니다.

산에 오르기 위해 산 아래에 도착했을 때의 마음가짐과 광야를 지나기 위하여 광야 입구에 선 마음가짐은 완전히 다릅니다. 산은 정상이 보입니다. 어느 길로 올라가야 할지, 얼마나 걸릴지도 어느 정도 예상할 수 있습니다.

그러나 광야는 끝이 보이지 않습니다. 길이 없습니다. 어디로 가야 할지 알 수 없고, 얼마나 걸릴지도 모릅니다. 오늘 있던 모래 언덕이 내일은 사라지고, 또 다른 언덕이 나타납니다. 광야는 계속해서 변합니다.

산에 오르는 사람은 자신감이 있습니다. 하지만 광야를 지나는 사람은 자신의 무능함을 깊이 절감하게 됩니다. 산에서 길을 잃으면 고생할 뿐이지만, 광야에서 길을 잃으면 목숨을 잃을 수도 있습니다.

산은 혼자서도 오를 수 있지만, 광야는 절대로 혼자 들어가서는 안 됩니다. 산은 힘들면 내려올 수 있지만, 광야는 그렇지 않습니다. 힘들어도 계속 나아가야만 합니다.

결혼은 산을 오르는 것과 같습니다. 하지만 결혼생활은 광야를 지나는 것입니다. 아이를 낳는 것은 산을 오르는 것이고, 아이를 키우는 것은 광야를 지나는 것입니다. 직장에 들어가는 것은 산을 오르는 것이고, 직장생활은 광야를 지나는 것입니다. 그런데 광야 같은 인생을 마치 산처럼 정복하려 하기 때문에 인생이 너무 힘들고 혼란스럽게 느껴지는 것입니다.

제가 처음 목회를 시작했던 1980년대는 한국 교회가 빠르게 성장하던 시기였습니다. 당시 신학생들의 꿈은 대부분 '큰 교회'의 담임목사가 되는 것이었습니다. 저도 예외는 아니었습니다. 그러나 그것이 바로 큰 실수였습니다. 목회를 산을 정복하는 일로 생각했던 것입니다.

실제로 목회 초반에는 매주 교인 수를 세는 것이 낙이었습니다.

출석 인원이 지난주보다 줄면 한 주 내내 슬럼프에 빠졌고, 반대로 한 명이라도 늘면 마치 큰 성공이라도 거둔 것처럼 기뻐했습니다. 정작 예수님은 제 마음에 없었습니다.

하지만 시간이 지나면서 목회는 산이 아니라 광야라는 것을 알게 되었습니다. 하나님께서 원하시는 교회, 곧 예수님이 머리 되시고, 모든 성도가 그분의 지체로 하나가 되어 살아가는 교회, 그것이 진정한 목회의 성공이었습니다. 이 진리를 깨닫고 나니까 제 시선이 완전히 달라졌습니다.

예수님만 바라보게 되었고, 다른 교회들도 더 이상 경쟁자가 아니라 하나님의 나라를 함께 이루어 가는 동역자로 보이기 시작했습니다. 그때부터 목회의 방향이 완전히 바뀌었습니다.

광야라고 다 같은 광야가 아니다

이진희 목사님은 《광야를 읽다》에 이어 후속편으로 《광야를 살다》(두란노)라는 책을 내셨습니다. 이 책에서 그는 광야를 13가지로 분류하며, 광야가 다 같은 광야가 아니라는 점을 강조합니다. 가인, 아브라함, 하갈, 요셉, 모세, 이스라엘 백성, 룻, 나오미, 다윗, 엘리야, 세례 요한, 예수님, 사도 바울은 모두가 각기 다른 광야의 길을 걸었다고 했습니다.

우리도 광야 같은 인생을 살지만, 걷는 광야는 각자 다릅니다.

그러나 공통점이 하나 있습니다. 바로 광야는 하나님의 사람을 세우는 은혜의 장소라는 것입니다.

성경에 나오는 믿음의 사람들은 대부분 광야가 길러낸 사람들이었습니다. 그들에게 광야는 단순한 고통이나 형벌의 장소가 아니었습니다. 허비된 시간도 아니었습니다. 오히려 자신을 향한 하나님의 뜻이 이루어지는 자리였습니다.

성경을 보면 광야를 통과하지 않고 성공한 사람이 딱 둘 있습니다. 사울 왕과 솔로몬 왕입니다. 그러나 결국 한 사람은 하나님께 버림받았고, 다른 한 사람은 하나님을 떠났습니다.

광야를 통과하지 않고 이룬 성공, 세상의 부러움을 사는 삶은 진정한 복이 아닙니다. 만약 지금 여러분이 광야 같은 시간을 지나고 있다면, 그것은 하나님의 놀라운 계획 안에 있다는 증거입니다. 하나님이 지금도 함께하시며 친히 인도하고 계십니다.

.

광야를 통과하는 법

광야가 다르다고 해도 광야를 살아내는 길은 같습니다. 예수님께서는 이렇게 말씀하셨습니다. "내가 곧 길이요 진리요 생명이라." 그렇습니다. 광야를 지날 때는 광야를 바라보는 것이 아니라 예수님을 바라보아야 합니다. 광야에는 눈에 보이는 길이 없습니다. 길을 놓치면 생명을 잃을 수도 있습니다. 우리 인생이 광야라는 증거가 바로 이것입니다. 내일 무슨 일이 일어날지, 한 달 후에 어떻게 될지 아무것도 알 수 없는 것입니다. 그래서 우리는 예수님의 함께하심을 정말 믿고, 24시간 예수님과 동행해야 합니다.

예수님과 동행하는 삶에 눈이 뜨이고 훈련이 되면, 아무리 삶이 광야 같아도 두려울 것이 없습니다. 예수님이 길이시기 때문입니다. 예수님은 우리가 가야 할 길을 정확히 알고 계십니다.

2014년 안식년을 맞아 이스라엘에서 한 달을 살았던 적이 있었습니다. 그 기간에 이스라엘 안에 있는 여러 광야 지역을 다녀보았습니다. 어느 날은 광야 속 베두인들의 천막에서 하룻밤을 지냈는데, 그곳은 놀랍게도 나무와 풀이 자라는 오아시스였습니다. 물이 있었기 때문에 광야 속에서도 살 만한 곳이었습니다.

실제로 광야에 들어가보면, 물 한 방울이 얼마나 귀한지 절절히 느끼게 됩니다. 사막을 달리다가 푸른 나무숲이 불쑥 나타나는 장면을 상상해보십시오. 너무나 놀랍고 반가울 것입니다. 그 광경을 보면서 왜 성경이 그렇게도 예수님을 붙들고 살라고 말하는지 비로소 깨달아졌습니다.

예수님은 스스로를 "영원히 마르지 않는 샘물"이라고 하셨습니다. 그렇습니다. 예수님이 우리의 생수가 되십니다. 우리의 삶이 아무리 광야 같아도, 내 안에 생수가 되시는 예수님이 거하신다면 걱정할 것이 없는 것입니다.

지금 자신이 광야에 있음을 알아야 한다

"예수님만 바라보고 동행하라"는 말이 어떤 이에게는 막연하게 들릴 수 있습니다. "광야 같은 인생을 산다"는 말 자체가 와닿지 않는 사람도 있을 것입니다. 누구나 처음부터 예수님과의 동행이 분명하게 믿어지고 이해되는 것은 아닙니다. 예수님은 눈에 보이는 분도 아니고, 손에 잡히는 존재도 아닙니다. 그래서 예수님을 바라보라는 말보다 "열심히 돈을 벌어라"라는 말이 더 현실적이고 이해하기 쉬울 수 있습니다. 왜냐하면 돈이 나를 도와줄 것처럼 느껴지기 때문입니다. 그래서 '돈돈' 하며 살게 되지만 인생을 오래 살아보면, 돈으로 해결되지 않는 문제가 얼마나 많은지 모릅니다. 돈으로는 평안, 기쁨, 사랑 같은 진짜 중요한 것들을 얻을 수 없습니다.

광야가 바로 그런 곳입니다. 광야에서는 돈이 아무 소용이 없습니다. 차에 돈이 가득 있어도 물 한 병을 살 수 없는 곳이 광야입니다. 그때서야 우리는 깨닫게 됩니다. 내 안에 생수가 되시는 예수님과 동행하는 삶이 얼마나 놀라운 일인지 말입니다. 그것이야말로 인생을 살아낼 수 있는 진짜 능력입니다.

이스라엘에서 안식년을 보내던 중 어느 주일, 광야에서 예배를 드린 적이 있었습니다. 요르단 국경 근처의 한 언덕에 올라서자 사방으로 펼쳐진 광야의 풍경이 눈앞에 들어왔습니다. 그 압도적인 광경 앞에서 이스라엘 백성들이 40년 동안 오직 하나님만 믿고 살았다는 것이 얼마나 놀라운 일인지를 실감하게 되었습니다.

기도하는 중에 주님께서 내 마음에 물으시는 듯했습니다. '이런 광야에서도 나만 믿고 살 수 있겠느냐?' 그 질문 앞에 선뜻 대답하지 못하고 마음만 먹먹해졌습니다. "예수님만 계시면 이런 광야도 괜찮습니다"라고 고백할 믿음이 내 안에 있는지 되돌아보게 되었습니다.

그때 눈이 열렸습니다. '24시간 예수님만 바라보며 사는 것, 죽어라 주님만 따라 사는 것, 그것이 진짜 믿음이구나!' 그것이 광야에서 하나님만 믿고 살았던 이스라엘 백성들의 심정이었던 것입니다. 그때 주님은 덧붙여 깨닫게 하셨습니다. "사실 너희가 사는 한국이 이 광야보다 더한 광야다." 한국은 겉보기에 풍족하고 화려하고 재미있어 보이지만, 실상은 영적으로 메말라 신기루를 쫓는 광야 같은 삶임을 알게 되었습니다.

광야에서 만난 베두인들의 삶은 너무나 단순했습니다. 그들은 천막 하나를 치고 살다가 어느 날 아침 "오늘 이사 가자" 하면 낮에 이사를 갑니다. 짐이라고는 나귀 한 마리에 실을 정도가 전부입니다. 창고도 없습니다. 창고가 있으면 이사가 어렵기 때문입니다. 은금도 필요 없습니다. 하루하루 이동하며 살아갈 양식이면 충분합니다.

반면 한국에서의 삶은 풍족하고 화려합니다. 그렇지만 광야에서는 아무 소용 없는 짐만 가득 가지고 사는 것입니다. 그래서 '예수님만 바라보며 사는 삶'이 현실적이지 않게 느껴지는 것입니다. 광야에 있으면서도 자신이 광야를 지나고 있음을 모르기 때문입니다.

지금 있는 곳이 광야임을 깨닫게 되면, 광야에 맞는 삶의 방식으로 살아가게 됩니다. 그럼 충분합니다. 하나님의 인도에 빠르게 반응하며 순종할 수 있습니다. 광야에 사는 사람은 좋은 집을 달라고 기도하지 않습니다. 광야에 가서 보니 좋은 집이 필요 없었습니다. 광야는 집 짓고 눌러 살 곳이 아닙니다. 빨리 지나가야 할 곳입니다. 그런데 광야에서 집을 짓고 살려 하니, 우리 인생이 자꾸 꼬이고 힘들어지는 것입니다.

주님과 동행하는 광야

《광야를 살다》에서 이진희 목사님은 요셉의 이야기를 다루며 인상적인 통찰을 전합니다. 요셉이 형통했다는 것은 막힘이 없었다는 뜻이 아니고, 오히려 사방이 막힌 상황에서도 길이 열린 삶이었다는 것입니다. 막힌 길이었고 죽을 길 같았던 순간이, 하나님이 함께하심으로써 오히려 다 잘된 길이 된 것입니다.

놀라운 것은 요셉에게는 하나님을 직접 만난 기록이 없습니다. 아브라함이나 야곱처럼 하나님과의 인격적인 만남이나 음성을 들은 장면이 성경에 나오지 않습니다. 그러나 성경 전체를 통틀어

요셉처럼 형통한 삶을 산 사람도 드뭅니다.

저 역시 하나님을 직접 만나본 적도, 그분의 음성을 귀로 들은 경험도 없습니다. 저처럼 하나님이 막연하게 느껴지는 분들이 대부분일 것입니다. 아무리 광야를 지나는 것 같은 인생 길이라도 하나님을 생생하게 체험할 수 있다면, 우리는 어떤 어려움도 기꺼이 이겨낼 수 있을 것입니다. 그래서 특별한 체험 없이, 그저 성경을 읽고 기도하며 살아가는 일상의 반복이 답답하게 여겨질 수 있습니다.

그러나 그것이 바로 요셉과 같은 삶임을 알아야 합니다. 요셉은 이상한 꿈 하나 꾼 것 외에 특별한 체험이 없었지만 하루하루 하나님 앞에서 성실하게 살아갔습니다. 그런데 돌아보니 그것이 하나님이 함께하시고 주관하시며 인도하신 삶이었습니다. 그는 오직 하나님께 인생과 미래를 맡기고, 말씀에 순종하며 살았을 뿐인데 그것이 결국 형통한 인생이 되었던 것입니다.

우리도 어떤 삶을 살든지 언제나 예수님을 바라보아야 합니다. 그리고 이렇게 기도해야 합니다. "주님, 저는 주님만 바라보며 살겠습니다. 이렇게 하겠다, 저렇게 하겠다 하는 제 생각과 계획을 다 내려놓겠습니다. 주께서 제게 띠를 띠우시고 이끄소서. 그것이 제 소원입니다."

주님과 동행하고 있다면, 지금 어떤 형태의 광야를 걷고 있든지 우리는 바른 길을 걷고 있는 것입니다. 그러면 삶의 끝자락에서 우리는 이렇게 고백하게 될 것입니다. "하나님이 내 인생에 정하신 길을 끝까지 다 걷게 하셨고, 결국 하나님이 예비하신 목적지에 도달하게 하셨습니다." 이것이 우리가 하나님 앞에 설 때까지 살아가야 할 인생입니다.

광야에서는 황금을 구하지 않는다

우리의 삶이 광야임을 분명히 깨닫게 되면, 기도의 내용도 달라집니다. 광야에서는 하나님께 황금을 구하지 않습니다. 그것은 아무 쓸모가 없기 때문입니다. 광야에서는 생수가 필요합니다. 마실 물 한 병과 황금은 비교조차 되지 않습니다. 광야에서는 곳간을 채워달라고 기도하지 않습니다. 내일 또 광야를 지나가야 하기 때문입니다. 짐이 많으면 그저 무거울 뿐입니다. 매일매일 일용할 양식만 있으면 충분합니다.

좋은 집도 필요 없습니다. 광야에서는 오늘 텐트를 치고, 내일 거두고 옮기기 편하면 충분합니다. 로뎀나무 아래 그늘만 있어도 충분합니다. 큰 장맛비가 아니라 매일 이슬처럼 내리는 은혜만 있어도 충분합니다.

그런데 한가지 깨달아야 할 것이 있습니다. 광야에 들어섰다고 조급하게 "이 광야에서 벗어나게 해주세요. 이 어려움이 빨리 끝나게 해주세요"라고 기도하지 말아야 한다는 것입니다. 물론 힘들 때 그런 기도를 드리는 것이 자연스러운 일이고 당연합니다.

그러나 잠시 멈추어 생각해보십시오. 탕자가 흉년을 만나 가진 것을 다 잃고 돼지를 치게 됩니다. 그런데 그가 그 고난을 겪는 이유는 아버지 집으로 돌아가기 위함이었습니다. 그런데 만약 그가 하나님께 "지금 처지에서 벗어나게 해주세요. 돼지 치는 일 말고 다른 일자리를 주세요"라고 기도만 하고 있었다면, 그 기도는 응답되지 않았을 것입니다. 왜냐하면 하나님의 뜻은 그가 아버지 집으로 돌아가는 것이었기 때문입니다.

우리도 마찬가지입니다. 어느 순간 '이제는 내가 할 수 있는 것이 아무것도 없구나. 다 잘 될 것 같은데 안 되고, 얼마든지 할 수 있을 것 같은데 안 되고, 인생은 내 계획대로 되는 것이 아니구나' 라는 절망감이 밀려올 때, 우리는 광야에 들어선 것입니다.

그러나 그때는 아무 기도나 드릴 것이 아니라, 먼저 이렇게 주님께 물어야 합니다. "주님, 무엇을 기도해야 할까요?" 이것이 광야를 가장 빨리 통과하는 길입니다. 하나님의 계획은 광야를 통해 우리를 하나님의 성전된 자로 세우고, 주님과 온전히 동행하는 사람으로 훈련시키는 것입니다.

신명기 8장 1절에서 4절을 보면, 하나님께서 이스라엘 백성을 광야로 이끄신 이유가 분명히 나옵니다. 그 이유는 단 하나입니다. 가나안에 들어가서 살 때 광야에서 매일 아침 만나를 바라보며 겸손히 하나님께 순종하던 기억을 잊지 않게 하시기 위함입니다. 혹시 지금 여러분이 광야를 걷고 있다면, 하나님께서 여러분을 낮추고, 시험하며, 진짜 하나님께 순종하는 사람인지 확인하기 위해 광야를 허락하셨음을 명심해야 합니다.

네 마음이 어떠한지 그 명령을 지키는지 지키지 않는지 알려 하심이라 신 8:2

나의 영혼아 잠잠히 하나님만 바라라

매일 아침 주님을 바라보며 하루를 시작하십시오. 누구를 만나든, 무슨 일을 하든, 매 순간 주님께 묻고 의지하고 순종하는 삶을 사십시오. 그렇지 않으면 형편이 나아지기만 하는 것이 반드시 좋은 일이 아닐 수 있습니다. 오히려 하나님이 계획하신 길과 전혀 다른 방향으로 가게 될 수도 있습니다. 그러므로 어려움이 없어지기를 구하지 말고, 주님을 바라보는 눈이 뜨이기를 구하십시오.

나의 영혼아 잠잠히 하나님만 바라라 무릇 나의 소망이 그로부터 나오는도다 시 62:5

이 고백이 마음 깊이 새겨지면 광야의 의미는 완전히 달라집니다. 두려움도, 원망도, 좌절도 사라집니다. "예수님 한 분이면 충분합니다"라는 고백이 터져 나옵니다.

성경 속 하나님의 사람들이 광야를 지나며 하나님의 뜻을 이루었듯, 여러분도 그렇게 살아가게 될 것입니다. 주님과 함께 걸어가는 것, 이것이 우리의 인생입니다. 광야를 살아가려면 반드시 배워야 하는 것입니다. 예수님과 동행함으로 더 이상 걱정할 것이 없는 놀라운 은혜가 여러분 모두에게 있기를 축복합니다.

믿음으로
기도하라

주님을 바라보며 기도하라

한때 중국에서 탈북자들을 돕던 목사님이 수감되셨다는 소식을 듣고, 교회가 함께 1년 10개월 동안 기도한 적이 있습니다. 그리고 마침내 석방 소식을 들었을 때, 하나님의 일하심이 너무 놀랍고 감동적이었습니다. 그런데 하나님의 역사가 일어났음에도 그 일을 위해 기도하지 않은 이들에게는 감동이 아닐 수 있음을 알고 충격을 받았습니다. 하나님의 역사가 일어났을 때, 그로 인한 감동과 감격은 그 일을 위하여 기도한 자만 누릴 수 있는 것입니다.

하나님의 나라를 위하여 기도하는 것이 그렇습니다. 하나님의 나라가 임할 때 그 영광이 말할 수 없이 크고 놀랍겠지만, 그것은 주님의 말씀에 순종하여 먼저 하나님의 나라와 그의 의를 위하여

기도하였던 자만이 누리는 것이지, 실제로 기도하지 않은 이들에게는 감동이 아니라 오히려 두려운 사건처럼 느껴질 것입니다. 이 것을 깨닫고 하나님의 나라를 위한 전 교인 매일합심기도를 시작하였습니다.

하나님의 응답을 믿고 기도하라

'한 시간 기도 운동'을 시작하면서 제가 처음 기도 훈련을 받을 때가 생각났습니다. 1984년 6월, 군목 임관을 위한 훈련 중 부상을 당하여 응급수술을 받고 수원에 있는 아버지 댁으로 귀향 조치되었습니다. 저는 어떻게 하든지 교회 사역을 하고 싶었지만 나이도 어리고 몸도 온전치 않았고 군 문제도 해결되지 않은 상태였기에, 저를 부목사로 받아주는 교회는 어디에도 없었습니다.

한 달 동안, 혹시라도 나를 불러줄 교회가 있을까 기대하며 이 교회 저 교회를 찾아다녔지만 결국 어느 교회에서도 저를 받아주지 않았습니다. 그때 저는 울면서 하나님께 이렇게 기도했습니다. "하나님, 이제부터 제가 나아갈 길에 대하여는 오직 하나님께만 기도하겠습니다. 사람에게 부탁하지 않겠습니다."

그 당시 제가 기도하지 않았던 것이 아니었습니다. 하지만 그 전까지의 기도는 형식적인 기도였을 뿐, 정말 하나님의 응답을 믿고 기도한 것이 아니라 실제로는 사람을 의지했음을 인정하지 않을 수 없었습니다. 그 후 저는 사람을 만나지 않고, 오직 기도에만 전념했습니다. 하나님께서 언제 어떻게 응답하실지는 전혀 감이 오지 않았지만, 제 인생 처음으로 '제대로' 기도한 시기였다고 고백할 수 있습니다.

하지만 기도만 한다는 것이 얼마나 어려운 일인지 금방 알게 되었습니다. 할 말을 다 하고 시간이 많이 흐른 줄 알았는데, 시계를 보니 5분도 지나지 않았습니다. 그때의 당황스러움은 지금도 생생합니다. 같은 기도를 열 번 반복하고, 생각나는 모든 것을 다 기도해도 한 시간이 너무 길게 느껴졌습니다. 전화벨 소리만 울려도 혹시 나를 찾는 전화인가 싶어 달려가곤 했습니다.

앞이 캄캄했습니다. 언제까지 이렇게 기도해야 하는지 막막했습니다. 그때부터 성경을 붙들기 시작했습니다. 기도하다 막히면, 창세기부터 '기도'에 관한 구절들을 찾아 노트에 적으며 말씀을 읽었습니다. 그러다 다시 기도하고 싶은 마음이 생기면, 그 말씀을 붙잡고 기도했습니다. 기도, 성경, 기도….

그렇게 석 달이 흘렀습니다. 이 기간은 제 인생에 있어 철저한 기도 훈련의 시간이었습니다. 성령께서 친히 기도에 대한 성경 공부를 시켜주신 기간이었고, 저와 아내가 함께 합심기도와 믿음으로 사는 법을 배운 시간이었습니다. 그해 11월, 정말 하나님께서 하셨다고 고백할 수밖에 없는 인도로, 광림교회 부목사로 부임하게 되었습니다. 그때 제 나이가 스물일곱이었으니까 사람의 뜻과 계획대로 이루어진 것이 아니었습니다.

하나님이 감동을 주실 때 기도하라

기도는 언제나 해야 하는 일이지만, 특별히 간절히 기도해야 할 때가 있습니다. 그때는 문제가 터지고, 위기가 닥치고, 삶의 기반이 흔들릴 때가 아닙니다. 바로 주님께서 기도하라는 감동을 주실 때입니다. 겟세마네 동산에서 예수님께서 제자들에게 말씀하셨습니다.

너희가 나와 함께 한 시간도 이렇게 깨어 있을 수 없더냐 마 26:40

제자들은 기도하지 못하고 졸았습니다. 왜 그랬을까요? 그들에게는 아직 그 상황이 절박하게 느껴지지 않았기 때문입니다. 하지만 예수님은 알고 계셨습니다. 그들이 기도하지 않으면 무엇을 마주하게 될지를 말입니다.

우리도 마찬가지입니다. 기도해야겠다는 마음이 크게 느껴질 때는 이미 늦은 순간일 때가 많습니다. 그래서 주님께서 기도하라고 감동을 주실 때를 놓치지 말아야 하는 것입니다. 기도해야한다는 감동이 올 때, 아무리 피곤하고 귀찮아도 반드시 기도해야 합니다.

어느 목사님께 들은 이야기입니다. 그 분의 부친은 치매를 앓고 계셨습니다. 그래서 목사님은 교회에 양해를 구해 휴가를 얻고 부모님과 함께 지내게 되었습니다.

하루는 밤에 피곤한 몸을 이끌고 잠이 들었는데, 갑자기 어머니가 비명을 질렀습니다. 목사님은 아버지가 화장실에 가시는 것을 알고도 너무 피곤해 일어나지 못하고 그대로 누워 있었는데, 아버지가 변기 뚜껑을 닫은 채 실례하고, 온몸에 변이 묻은 채 집 안을 돌아다니신 것이었습니다. 결국 아버지를 씻기고 옷을 갈아 입히고, 집을 청소하느라 정신이 없었다고 합니다. 그 목사님은 이렇게 회고했습니다. "그때 내가 일어나서 아버지를 모시고 화장실에 갔더라면 이 고생은 안 했을 텐데…."

기도도 똑같습니다. 하나님께서 기도하라는 강한 감동을 주실 때는 반드시 이유가 있는 것입니다. 우리는 지금 이 순간에 어떤 일이 벌어질지 알 수 없지만, 하나님은 다 알고 계십니다. 지금 자도 되는 때인지, 깨어 있어야 할 때인지 우리는 모르지만, 주님은 정확히 아십니다. 그래서 특별한 일이 없는데도 기도할 마음이 생길 때 오히려 기도의 자리로 나아가야 하는 것입니다.

"할 일도 많은데 언제 기도하냐"며 하소연하는 분들이 있습니다. 기도하면 시간만 뺏기고 일은 못 한다고 느끼는 분들도 있습니다. 하지만 정말 기도해보면 압니다. 일만 할 때보다 기도하고 일할 때 훨씬 더 깊은 열매가 맺힌다는 것을요.

저에게 가장 많은 시간과 에너지가 필요한 일은 설교 준비입니다. 설교를 여러 편 준비하다보니, 어떨 때는 기도 시간조차 부담스럽게 느껴질 때도 있습니다. 기도하면서도 머릿속으로는 계속 설교 내용을 고민하고 있을 때도 많았습니다. 그런데 설교 준비하는 시간이 길었다고 좋은 설교로 이어지지는 않았습니다. 며칠을 애써 준비한 원고를 마지막 순간 쓰레기통에 버린 적도 많았습니다. 반면 기도 중에 말씀의 흐름이 저절로 정리된 날도 많았습니다. 그때는 마치 성령께서 말씀하시는 것을 받아적는 느낌이었습니다.

우리가 잊지 말아야 할 것은 이것입니다. 기도는 상황이 절박할 때가 아니라, 주님께서 감동하실 때 해야 한다는 것입니다. 기도는 주님과 연결되는 시간이며, 하나님의 나라가 움직이기 시작하는 순간입니다. 하나님께서 "지금 기도하라"고 마음에 감동을 주실 때, 그것은 곧 하나님의 일이 시작되는 시간이라는 뜻입니다. 그 감동을 놓치지 마십시오. 피곤하더라도, 할 일이 많더라도, 그 순간 무릎을 꿇으십시오. 그러면 하나님께서 이미 예비하신 은혜와 길을 보게 하실 것입니다.

믿음으로 기도하라

기도는 영이 살아나는 시간입니다. 그래서 기도의 시간을 놓치면 생명의 근원이 말라버립니다. 기도는 몸과 마음이 피곤할수록 더 집중해야 합니다. 기도는 인생의 무게가 무거울수록 더욱 의지해야 합니다. 기도는 하나님과 함께 이 광야를 살아낼 수 있는 유일한 길입니다.

기도가 아직 낯설고 어렵게 느껴지는 분이 있습니까? 괜찮습니다. 기도는 잘하는 것보다 주님 앞에 머무는 것이 먼저입니다. 믿음으로 기도하십시오. 말씀을 붙들고 기도하십시오. 주님은 지금도 "네 믿은 대로 될지어다"라고 말씀하십니다.

《한 시간 기도》(규장) 출판 인터뷰에서 이런 질문을 받은 적이 있습니다. "한국 교회 성도들이 매일 한 시간 기도하면 어떤 일이 벌어질까요?" 그 질문에 저는 주저하지 않고 이렇게 대답했습니다. "한국 교회는 반드시 개혁될 것입니다."

한국 교회의 가장 큰 문제는 주님께서 명령하셔서도 성도들이 그것을 깨닫지 못한다는 데 있습니다. 주님은 말씀하시는데 성도들의 마음이 닫혀 깨닫지 못하니 결국 주님의 뜻대로 움직이지 못하는 것입니다. 만약 모든 성도들이 매일 한 시간씩 기도하기 시작한다면, 마음이 주님을 향해 열릴 것입니다. 그러면 주님께서 교회를 움직이실 수 있습니다.

기도는 하나님이 일하실 문을 여는 열쇠입니다. 하지만 안타깝게도 많은 성도들은 여전히 손을 벌리는 기도에 머물러 있습니다. "하나님, 이것 좀 해주세요", "저렇게 되었으면 좋겠습니다"라고 기도는 하지만, 주님을 바라보는 기쁨은 없습니다. 단순히 소원만 나열하는 기도에는 능력이 없습니다.

한 시간 기도란, 억지로 한 시간을 채우는 기도가 아닙니다. 기도가 기쁨이 되면 한 시간이 아니라 몇 시간도 부족하다고 느껴집니다. 이렇게 기도하려면 반드시 믿음으로 기도해야 합니다. 믿음이 열리면 기도의 문도 활짝 열립니다. 우리가 말하는 한 시간 기도는 바로 이런 기도입니다.

기도가 잘 되지 않는 이유는 대부분 믿음의 문제입니다. '기도한다고 무슨 일이 일어나겠어?' 우리 안에 이런 생각이 자리 잡고 있기 때문입니다. 기도와 믿음은 깊이 연결되어 있습니다.

한 백부장이 예수님께 나아와 자신의 종을 고쳐달라고 간청했습니다. 예수님은 직접 그의 집에 가서 고쳐주겠다고 하셨습니다. 그때 백부장은 놀라운 믿음의 고백을 합니다.

백부장이 대답하여 이르되 주여 내 집에 들어오심을 나는 감당하지 못하겠사오니 다만 말씀으로만 하옵소서 그러면 내 하인이 낫겠사옵나이다 나도 남의 수하에 있는 사람이요 내 아래에도 군사가 있으니 이더러 가라 하면 가고 저더러 오라 하면 오고 내 종더러 이것을 하라 하면 하나이다 마 8:8-9

예수님께서 그의 믿음에 감탄하며 말씀하십니다.

예수께서 백부장에게 이르시되 가라 네 믿은 대로 될지어다 하시니 그 즉시 하인이 나으니라 마 8:13

주님은 오늘 우리에게도 이 백부장과 같은 믿음을 찾고 계십니다. 기도에는 반드시 이 믿음이 필요합니다. 내가 기도하면 주님께서 반드시 응답하신다는 믿음, 이 믿음을 가진 사람은 백부장처럼 반응할 수밖에 없습니다.

기적이 아니라 주님을 바라보고 기도하라

하나님께서 믿음으로 기도하라고 하신 이유는 하나님의 나라를 위한 기도가 반드시 필요하기 때문입니다. 주님은 우리에게 "반드시 기도하라", "먼저 기도하라", "함께 기도하라"고 명령하셨습니다.

그러나 하나님의 나라를 위한 기도를 하려면, 믿음으로 기도해야 합니다. 하나님의 나라가 언제 임할지, 우리 눈으로 확인할 수는 없습니다. 그렇기에 오직 말씀의 약속을 믿고 기도하는 것이 필요합니다. 믿음이 없으면 끝까지 기도할 수 없습니다. 응답만 바라보면 중도에 지치고 포기하게 됩니다. 우리가 바라볼 것은 응답이 아니라 주님입니다. 그러면 언제나 믿음이 생기고 온전해집니다. 그래서 하나님은 지금도 믿음으로 기도할 사람을 찾고 계십니다.

믿음의 주요 또 온전하게 하시는 이인 예수를 바라보자 그는 그 앞에 있는 기쁨을 위하여 십자가를 참으사 부끄러움을 개의치 아니하시더니 하나님 보좌 우편에 앉으셨느니라 히 12:2

몸이 아픈 사람은 회복되기 위해 기도하고, 사업에 어려움을 겪는 사람은 문제 해결을 위해 기도합니다. 그리고 매일 자신의 상황이 좀 나아졌는지 바라봅니다. 하지만 그렇게 응답만 바라보며 기도하면 조급증에 시달리게 되고, 결국 "기도해도 소용없다"고 말하게 됩니다. 하나님의 때를 기다리지 못하고, 중도에 기도를 멈추게 됩니다.

그러나 주님을 바라보는 사람은 다릅니다. 문제가 해결되지 않아도, 주님이 나와 함께하심은 변하지 않기 때문입니다. 백부장에게는 종의 병이 낫는 것보다, 예수님의 존재가 훨씬 컸습니다. 만약 종을 살리는 것이 더 크고 중요했다면, 백부장은 무슨 일이 있어도 예수님을 붙잡고 늘어졌을 것입니다. 그리고 예수님께 종의 머리에 직접 손을 얹고 힘을 다해 기도해달라고 요청했을 것입니다.

만약 그랬다면 그는 예수님을 바라본 것이 아니라 기적을 바라본 사람이었을 것입니다. 그런 믿음은 응답이 없으면 주님을 떠나는 믿음입니다. 하지만 백부장은 예수님이 만왕의 왕이시며, 말씀 한마디로도 능치 못할 일이 없는 분이심을 믿었습니다. 그래서 "주님, 굳이 저의 집까지 오실 필요가 없습니다. 그저 말씀만 하옵소서"라고 고백한 것입니다.

우리에게 필요한 믿음도 기적을 기대하는 믿음이 아니라, 만왕의 왕이신 예수님을 주목하는 믿음입니다. 그래야 어떤 상황에서도 흔들리지 않고, 결과를 주님께 맡길 수 있습니다.

문제보다 더 크신 주님과 함께하는 믿음

어느 날, 마음이 너무 힘들어서 기도원에 올라갔습니다. 무거운 마음으로 예배당 구석에서 무릎을 꿇고 "아버지"라고 부르며 기도를 시작했는데, 갑자기 눈물이 쏟아지고 그렇게 울다가 아무것도 구하지 않고 기도원을 내려왔습니다. 하나님이 아버지이신데 걱정할 것이 무엇인가 하는 마음이 든 것입니다. 모든 기도가 이미 응답된 것 같았습니다. 이런 기도가 진짜 능력 있는 기도이고, 끝까지 갈 수 있는 기도입니다.

하나님을 믿는 사람이라면 누구나 바라는 것이 있습니다. 하나님을 인격적으로 만나고 싶다거나 하나님의 역사가 오늘 내게 일어났으면 좋겠다고 하는 것입니다. 하지만 정작 오늘, 지금, 내게 그런 일이 일어날 것이라고는 잘 믿지 못합니다. 하나님이 언제나 함께하신다는 사실을 머리로는 믿지만, 실제로는 믿지 않는 것입니다.

죽은 자가 살아나고 병자가 일어나야 하나님이 살아 계시고 함께하시는 것이 아닙니다. 하나님은 항상 함께 하셨습니다. 그러니 눈에 보이는 기적이 있어야만 하나님을 믿으려고 해서는 안 됩니다. 큰일 납니다. 평생 하나님을 제대로 믿어보지도 못하고 삶을 마치게 될 것이기 때문입니다. 하나님의 함께하심은 눈으로 보는 문제가 아니라 믿음의 문제입니다. 한 시간 기도는 어렵지 않습니다. 예수님께서 우리 안에 거하신다는 것을 아는 순간, 기도는 기쁨이고 위로요, 새 힘을 얻는 시간이 됩니다.

두세 사람이 내 이름으로 모인 곳에는 나도 그들 중에 있느니라
마 18:20

예수님은 지금도 우리에게 같은 말씀을 하십니다. 예수님은 지금도 우리 가운데 거하십니다. 우리에게 어려움과 질병, 시험만 있는 것이 아닙니다. 그 어떤 문제보다 더 크신 주님이 우리 안에 계십니다. 그 놀라운 사실이 찬양할 때 느껴지고, 말씀을 들을 때 감동이 오며, 기도할 때 믿어집니다. 성령께서 우리 안에서 역사하시니 말씀을 읽거나 들을 때, 은혜가 되는 것입니다. 주님이 언제나 우리 안에 거하시며, 우리는 그 주님과 동행하는 사람들입니다.

기도는 주님을 사랑하는 것이다

우리는 종종 이렇게 생각합니다. '주님을 육신의 눈으로 보면 더 확실할 텐데….' 아닙니다. 믿음의 눈으로 주님을 바라보는 것이 훨씬 더 확실합니다. 눈에 보이는 것을 의지하면 할수록 마음은 더 복잡해지고 혼란스러워집니다. 성경에서 엘리사의 종은 눈으로 보고서야 안심이 되었습니다. 그러나 엘리사는 아무것도 두려워하지 않았습니다. 믿음의 눈으로 이미 보았기 때문입니다.

병자가 치유되고 귀신이 떠나가야 하나님이 역사하신다고 믿는 사람이 있습니다. 이런 반응은 그동안 주님께서 자기 안에 거하신다는 사실을 믿지 않았다는 말입니다.

예수님께서 오병이어의 기적을 행하셨을 때, 사람들의 반응은 최고조에 달했습니다. '아, 이 예수는 보통 사람이 아니라 하나님의 아들이구나' 하고 믿었습니다. 그래서 예수님을 억지로 임금 삼으려 했습니다. 하지만 예수님께서 "내 살을 먹고 내 피를 마시라"고 말씀하시자 대부분의 사람들이 돌아서버렸습니다. 그때 주님께서 제자들에게 "너희도 가려느냐?" 하고 물으셨을 정도였습니다. 그 질문에 베드로는 이렇게 대답했습니다.

시몬 베드로가 대답하되 주여 영생의 말씀이 주께 있사오니 우리가 누구에게로 가오리이까 요 6:68

기적이 일어나는 것을 보고 예수님이 그리스도이심을 믿었다가, 영생의 말씀을 주실 때에는 떠나가버리는 사람은 진정 예수님을 믿는 사람이라고 말할 수 없습니다. 생각이 많아지고, 감정이 복잡해지고, 사람들의 조언이 구구 각색일 때야말로 반드시 주님의 음성을 들어야 할 때입니다. 그 어떤 소리보다 주님의 음성을 들어야 진정한 살길을 찾을 수 있습니다.

그러기 위해서 우리는 매일, 적어도 한 시간은 주님과의 시간을 가져야 합니다. 한 시간 기도는 단순한 훈련이나 규칙이 아닙니다. 주님을 향한 열망이고, 사랑의 표현입니다. "오직 예수님만 원합니다!"라는 고백이 기도로 표현되는 시간입니다.

기도는 단순히 무엇을 구하는 것이 아닙니다. 기도는 주님을 사랑하는 것입니다. 사랑하는 사람이 보고 싶다고 말하면, 아무리 피곤해도 갑니다. 아무리 바빠도 갑니다. 오지 말라고 해도 결국 가게 됩니다. 우리가 "주님, 사랑합니다"라고 고백하면, 주님께서는 반드시 우리 곁에 오십니다.

예수님 중심의 기도로 돌아가라

우리는 하나님의 나라를 위하여 충성해야 합니다. 그러나 '사역' 중심에서 '예수님' 중심으로 충성의 목표가 바뀌어야 합니다. 기도 역시 '응답' 중심이 아니라, '예수님' 중심이 되어야 합니다.

뉴질랜드에 갔을 때, 한 교민이 이런 고백을 했습니다. "비행기를 타고 이민 길에 오르면 무언가 새로워질 줄 알았습니다. 뉴질랜드에 오면 삶이 달라질 줄 알았습니다. 하지만 달라진 것은 아무것도 없었습니다. 그런데 어느 날, 예수님을 만났습니다. 그리고 모든 것이 달라졌습니다."

많은 사람이 학교에 들어가면 삶에 새로운 변화가 있기를 기대합니다. 결혼을 하면 모든 것이 달라질 줄 압니다. 새해가 되면 무엇인가 새로워질 것으로 기대합니다. 하지만 그렇지 않습니다. 예수님을 만나기 전까지는 진정한 변화는 없습니다. 오직 예수님을 만날 때, 모든 것이 새로워집니다.

1936년 웨일즈 성경학교에서 중보기도자 리즈 하월즈와 그 공동체에 놀라운 일이 일어났습니다. 예배 중에 함께 모인 이들이 성령의 임재를 체험했습니다. 모두 빛이 비치는 것을 느꼈는데 참으로 순결한 빛이었다고 했습니다. 그 빛 앞에서 그들은 마음속 깊은 죄와 정욕, 교만, 이기심이 드러나기 시작했고, 사람들은 애통하며 울기 시작했습니다. 그리고 그 울음은 쉽게 멈추지 않았습니다.

그때 주님께서 이렇게 물으셨다고 합니다. "참으로 너의 몸 안에 살고 있는 것이 누구냐?" 감히 대답할 수 없어 그저 울고 또 울었다고 합니다.

우리가 한 시간 기도를 하는 이유도 마찬가지입니다. 주님을 바라보는 눈이 열리기 위한 준비입니다. 막연히 그런 날이 오기를 기다리는 것이 아니라, 믿음으로 주님을 바라보는 시간을 의도적으로 갖는 것입니다. 그러면 어느 순간 주님이 함께하신다는 것이 분명히 믿어집니다. 그때 기도는 쉼이 되고, 위로가 되고, 능력이 됩니다.

기도의 자리에 나아가 "주님, 저는 기도할 줄도 모릅니다. 그저 주님 앞에 나와 머리 숙입니다. 주님 안에 거하겠습니다"라는 이 고백 하나로 충분합니다. 주님은 그런 기도에도 역사하십니다. 답답한 마음만 쏟아놓고, 주님이 역사하실 틈도 없이 계속 말만 하는 기도는 오히려 우리 마음을 지치게 만들 수 있습니다.

한 시간을 기도하겠다고 결단하고, 말씀을 입고, 찬양을 하고, 가만히 주님의 임재 안에 머물러보십시오. 그러면 반드시 주님의 역사, 주님의 임재, 주님의 말씀이 다가옵니다. 주님은 그렇게 조용한 기도 속에서 가만히 주님을 사랑하고 머무는 그 자리에서 가장 깊이 역사하십니다.

주님의 말씀에 귀를 기울이라

젊은이교회에 출석하던 한 청년이 미국 여행 중 불의의 사고를 당해, 현지 병원 중환자실에 입원한 적이 있었습니다. 병원에서는 마지막을 준비하라고 할 정도로 위중한 상태였습니다. 회복 여부는 물론, 미국 병원의 천문학적인 치료비도 큰 걱정거리였습니다. 젊은이교회뿐 아니라 온 교회가 두 달이 넘도록 간절히 함께 기도했는데, 놀랍게도 주님께서 모든 문제를 해결해주셨습니다. 그 청년의 생명을 건져주셨을 뿐 아니라, 치료비도 해결해주셨고 한국으로 돌아올 길까지 열어주셨습니다. 함께 기도했던 모든 이들이 이 일을 "기도로 이루어진 기적"이라고 고백했습니다. 이처럼 '한 시간 기도 운동'을 통해 기도의 기쁨을 경험한 이들이 많았습니다.

그러나 모두가 그런 것은 아니었습니다. 오히려 기도의 좌절을 경험하는 사람들도 많습니다. 기도했으나 응답받지 못한 사람도 많고, 영적 눌림을 경험하기도 하고, 기도해야 한다고 생각하지만 기도가 되지 않아서 답답한 사람들도 있습니다.

하지만 분명한 사실이 있습니다. 하나님께서는 우리가 계속 기도하도록 역사하신다는 것입니다. 저 역시 처음에는 '매일 한 시간을 기도할 수 있을까?' 하는 부담이 있었습니다. 그런데 저를 기도의 자리로 이끄는 상황들이 계속해서 벌어졌습니다. 기도하지 않고는 버틸 수 없는 상황이 이어졌고, 결국은 그렇게 기도하는 자리로 나아가게 되었습니다.

문제는 기도가 힘든 것이 아닙니다. 우리가 영적으로 약해진 것입니다. 영적으로 약한 사람에게는 '한 시간 기도'가 무척 길게 느껴지고 어렵게 다가옵니다. '한 시간 기도'는 우리의 영적 상태를 점검할 수 있는 중요한 진단 도구입니다.

'한 시간 기도'는 단순히 시간을 채우는 행위가 아닙니다. "하나님, 힘들어요. 살려주세요"와 같은 하소연만 한 시간 동안 반복하라는 것이 아닙니다. 기도는 하나님께서 우리에게 말씀하시는 시간이요, 세상을 이길 은혜를 부어주시는 시간입니다.

하지만 많은 그리스도인들이 기도 시간에 그저 힘든 이야기를 털어놓거나 기도 분량을 채우는 데 그치고 맙니다. 이는 기도의 초점을 '응답'에만 두기 때문입니다. 이런 기도는 어려울 때만 하게 되고, 상황이 나아지면 자연스럽게 멈추게 됩니다. 기도는 형편이 어렵기 때문에 하는 것이 아닙니다. 그렇게 되면 우리는 계속 어려운 상황 속에 머물 수밖에 없습니다. 기도는 주님의 음성을 듣는 자리까지 나아가야 합니다. 그때 비로소 기도가 은혜가 되고 기쁨이 됩니다.

하나님과 함께하면 얼마든지 가능하다

마가복음 10장에서 예수님은 부자들에 대해 이렇게 말씀하십니다.

낙타가 바늘귀로 나가는 것이 부자가 하나님의 나라에 들어가는 것보다 쉬우니라 하시니 막 10:25

이 말씀을 들은 제자들은 매우 놀라며 물었습니다.

제자들이 매우 놀라 서로 말하되 그런즉 누가 구원을 얻을 수 있는가 하니 막 10:26

예수님께서는 이렇게 대답하셨습니다.

예수께서 그들을 보시며 이르시되 사람으로는 할 수 없으되 하나
님으로는 그렇지 아니하니 하나님으로서는 다 하실 수 있느니라

막 10:27

"하나님으로서는 다 하실 수 있느니라"는 말씀은 단순히 하나
님은 하실 수 있다는 뜻이 아닙니다. 원어의 의미는 하나님과 함
께하면 가능하다는 것입니다. 곧 전능하신 하나님과 함께할 때,
부자도 천국에 들어갈 수 있다는 말입니다. 왜냐하면 하나님과
함께하는 부자는 그가 가진 모든 것을 하나님의 뜻에 따라 사용
할 것이기 때문입니다.

이 진리는 기도에도 그대로 적용됩니다. 하나님과 함께 기도하
면 얼마든지 기도할 수 있는 것입니다. 그러므로 기도할 때, 필요
한 것만 구하지 말고 하나님의 말씀을 읽고, 찬양하고, 잠잠히 주
님을 바라보며 귀를 기울여야 합니다. 그때 우리의 힘으로는 할
수 없던 일들이 하나님의 능력으로 이루어집니다. 기도가 더 이상
종교적 의무가 아니라, 주님을 깊이 만나고 영적으로 깨어나는 은
혜의 시간이 되는 것입니다.

하나님의 말씀에 순종하는 삶의 훈련

강영안 교수님은 이런 말을 했습니다. "이론적인 무신론자들은

우리의 적이 아니다. 과학자들도 하나님이 계심을 부인하지 못한다. 오히려 예수를 믿는 사람들이 하나님이 존재하지 않는 것처럼 사는 것이 더 무서운 적이다."

세상을 두렵게 하는 것은 이론적인 무신론자들이 아니라, 예수를 믿는다고 하면서도 실제 삶에서 하나님과 동행하지 않는 성도들이라는 지적은 참으로 옳습니다. 그러나 하나님이 살아 계심을 믿으면서도 그 말씀에 순종이 안 되는 경우가 있습니다. 아직 하나님과 함께하는 훈련이 되어 있지 않기 때문입니다. 하나님과 함께하는 훈련이란, 하나님의 임재를 믿고 하나님의 말씀에 순종하는 삶을 훈련하는 것입니다.

악기를 처음부터 잘 다루는 사람은 없습니다. 외국어도 처음부터 유창하게 말할 수 없습니다. 하지만 꾸준히 연습하다보면, 처음 아무것도 못했던 사람이 음악을 연주하고, 언어를 구사하게 됩니다. 1년이 다르고, 10년이 다릅니다. 지속적인 훈련은 놀라운 결과를 만들어냅니다.

하나님과 함께 사는 삶도 마찬가지입니다. 하나님은 살아 계시고, 우리의 삶과 죽음을 주관하시며 복을 주시고, 영생을 주십니다. 그것은 우리의 의지나 결단이 필요한 영역이 아닙니다. 우리가 할 수 있는 일은 믿고 한걸음씩 하나님의 말씀에 순종하는 것입니다.

내가 죄인입니다

주님과 동행하는 삶을 살고자 할 때, 반드시 명심해야 할 것이 있습니다. 바로 성경 말씀이 중심이 되어야 한다는 것입니다. 말씀 없이 주님과 동행하려 하면, 어느 순간 방향을 잃고 길을 헤맬 수밖에 없습니다. 주님과 동행하는 삶의 견고한 기초는 하나님의 말씀입니다. 주님과의 동행은 철저히 '믿음'으로 이루어지는데, 그 믿음이 '말씀'에서 나오기 때문입니다.

그러므로 믿음은 들음에서 나며 들음은 그리스도의 말씀으로 말미암았느니라 롬 10:17

요즘 세상 풍조를 보면 참으로 당황스러운 현실을 마주하게 됩니다. 죄를 짓고도 자신이 죄인이라고 인정하지 않는 것입니다. 심지어 명백한 증거가 드러나도 끝까지 "나는 죄가 없다"고 말하며, 도의적인 책임조차 지지 않으려 합니다. 스스로 그렇게 세뇌하니 죄가 드러나고 처벌을 받아도 회개하고 돌이키기보다 자신만 억울하다고 여기는 것입니다.

하지만 복음은 정반대의 길로 우리를 이끕니다. 복음은 우리로 하여금 정직하게, 담대하게, 고백하게 합니다. "내가 죄인입니다." 지금 세상 풍조와 복음의 메시지는 이토록 다릅니다.

예수님을 믿는지, 믿지 않는지를 가르는 분명한 기준이 있습니다. 자신이 죄인인지 아는가, 아닌가 하는 것입니다. "내가 죄인입니다"라는 고백이 마음에서 진실하게 나오는 사람, 그 사람이 예수를 믿는 사람입니다.

세상 사람들은 이런 우리를 때로는 만만하게 보기도 합니다. 모두가 자신의 죄를 부인하고 책임을 피하려는 이 시대에, 예수 믿는 사람은 정작 책임지지 않아도 될 일 앞에서도 "내가 죄인입니다"라고 나서기 때문입니다. 그렇기에 복음이 놀라운 것입니다. 인간의 본성으로는 도저히 "내가 죄인입니다"라고 고백할 수 없기 때문입니다. 그 고백은 성령께서 역사하셨다는 증거입니다.

19세기 복음 전도자 찰스 피니는 전도 집회 마지막 시간마다 이렇게 외쳤습니다. "예수 믿겠다고 결심하는 죄인들은 일어나십시오." 사람들이 일어서면 피니는 다시 이렇게 말했다고 합니다. "다시 한번 진지하게 생각해보십시오. 시간을 더 갖고 기도한 후에 일어나십시오." 진정으로 자신이 죄인임을 인정하는 고백이 아니면 안 된다는 그의 신중함이었습니다. 그 결과 놀라운 부흥이 임한 것입니다.

여러분은 정말 지옥에 갈 죄인이었음을 인정하십니까? 그래서 예수님을 믿고 구원받으신 것입니까? 교회를 다니고 있긴 하지만, 자신이 정말 죄인이라는 확신이 없다면, 예수님을 진정으로 믿고 있는지 자신을 돌아보아야 합니다.

말씀 그대로 역사하신 성령님

예수님을 마음에 영접하면, 반드시 자신이 죄인임을 깨닫게 됩니다. 성경에서 '경건한 자'로 불렸던 사람들은 한결같이 자신을 죄인이라고 고백했습니다. 다윗은 시편에서 이렇게 고백합니다.

내가 죄악 중에서 출생하였음이여 어머니가 죄 중에서 나를 잉태하였나이다 시 51:5

우리는 원래 괜찮은 사람이었는데, 인생이 힘들어지면서 성격이 삐뚤어져 죄를 짓게 된 것이 아닙니다. 우리 본성 자체가 죄인입니다. 예수님을 진심으로 믿고 구원받은 사람은 이 점에서 분명히 드러납니다.

1903년 한국 교회 부흥의 불씨가 되었던 사건이 일어났습니다. 원산에서 열린 선교사 하계 수련회 때 말씀을 전하였던 하디 선교사는 당시 조선 교회가 부흥되지 않고, 진정으로 거듭난 성도를 찾아보기 힘든 현실을 보며 심히 안타까웠습니다.

하디 선교사는 요한복음으로 수련회 설교를 준비하였는데, 주제는 '기도의 능력을 얻는 길'이었습니다. 그런데 성령께서 하디 선교사가 설교하려고 묵상하는 성경 말씀으로 그를 깊은 회개의 자리로 이끄셨습니다. 하디 선교사는 요한복음을 통하여 기도의 능력을 얻으려면 세 가지가 필요하다는 것을 깨달았습니다. 예수님을 온전히 믿어야 하고, 예수님 안에 거해야 하고, 성령으로 충만해야 한다는 것이었습니다.

그런데 설교하는 자신이 예수님을 온전히 믿지 않았고, 예수님 안에 거하지도 않았고, 성령충만하지도 않았음을 깨달았습니다. 그는 선교사로서 열심히 사역했었지만, 성령의 능력이 아닌 자기 힘으로만 감당해왔음을 깨달은 것입니다. 그러면서 조선 교회와 교인들만 탓했었던 자신의 죄와 교만을 회개했습니다.

그의 회개는 선교사들 안에 큰 울림을 주었고, 이후 조선 교회 지도자들과 교인들의 회개로 이어졌습니다. 이것이 한국 교회 부흥의 시작이었습니다. 성경 말씀 그대로 성령께서 역사하신 결과였습니다.

말씀을 따라가는 사람

예수님을 믿어도 바르게 믿어야 하는데, 그것은 말씀대로 믿는 것입니다. 그래야 우리가 참된 믿음 위에 서게 됩니다.

때때로 마음 깊은 곳에서 이런 두려움이 밀려올 때가 있습니다. '나는 아직 완전히 죽지 않았구나….' 하지만 우리는 느낌을 따라가는 사람이 아니라 말씀을 따라가는 사람입니다. 말씀이 무엇이라고 하는지를 진지하게 살펴야 합니다. 말씀은 분명히 말합니다. 우리는 이미 예수와 함께 죽었고, 새로운 생명으로 살아났습니다. 우리의 문제는 그 말씀을 온전히 믿지 못한 것입니다.

마귀는 끊임없이 우리를 조롱하고 비난하며 속삭입니다. "너는 위선자야." 그러나 위선이란, 실제로는 그렇지 않으면서 그런 척하는 것입니다. 믿음은 내가 어떤 존재인지에 대한 하나님의 말씀을 믿고 선포하는 것입니다. 이것은 위선이 아니라 믿음입니다.

일본의 미쓰하시 목사님은 소아마비로 태어나, 어린 시절부터 아버지에게 "너는 아무 쓸모없는 존재야"라는 말을 들으며 자랐습니다. 그리고 자신도 그렇게 믿으며 살아왔습니다. 그러나 예수님을 믿은 뒤, 그는 주님의 음성을 듣게 되었습니다. "나는 너를 사랑한다. 너를 향한 놀라운 계획을 가지고 생명을 주었다. 너는 쓸모 있는 존재란다."

그 말씀은 그의 인생을 바꾸었습니다. 그는 점차 자신이 하나님 앞에 소중하고 가치 있는 존재임을 믿게 되었고, 지금은 많은 사람들의 영혼을 울리는 전도자이며, 한 아내의 남편이자, 두 자녀의 존경받는 아버지로 살아가고 있습니다. 그는 이렇게 고백합니다. "아버지에게 들었던 부정적인 생각을 버리고, 주님의 부르심에 순종했을 때, 나는 정말 쓸모 있는 사람이 되었습니다."

순종은 믿음의 열매입니다. 하나님의 말씀은 단지 읽고 은혜만 받으라고 주신 것이 아닙니다. 순종하라고 주신 것입니다. 베드로는 예수님의 말씀에 순종했을 때, 물 위를 걸었습니다. 우리도 마찬가지입니다. 주님의 말씀에 귀를 기울이고, 그 말씀에 순종할 때, 하나님은 우리의 삶을 통해 자신을 드러내십니다. 말씀대로 살아갈 때, 우리의 인생은 하나님이 살아 계심을 보여주는 가장 분명한 증거가 됩니다.

다시 감옥에 갈 수 있겠느냐?

리처드 범브란트 목사님은 루마니아 공산정권의 박해 속에서 상상할 수 없는 고난을 겪으셨습니다. 죽음의 문턱까지 갔다가 극적으로 석방된 후에는 평안한 삶을 꿈꾸며 시골로 내려가 농사를 지으며 여생을 보내고자 하셨습니다. 그러던 어느 날, 밭을 일구던 중 갑자기 마음이 뜨거워지며 기도가 터져 나왔습니다. "하나님, 저를 온전하게 해주세요."

그 기도에 주님의 음성이 마음 깊은 곳에서 들려왔습니다. "너는 온전하게 되기 위해 다시 감옥에 갈 수 있겠느냐?" 목사님은 고통스러웠던 감옥생활이 떠올라 망설이며 대답했습니다. "하나님, 다른 것은 다 괜찮습니다. 하지만 감옥에는 다시 가고 싶지 않습니다." 그러자 하나님은 다시 말씀하셨습니다. "그렇다면 온전해지기를 구하지 말아라."

목사님은 깊은 갈등과 번민에 빠졌지만, 결국 눈물로 무릎 꿇고 고백했습니다. "어떤 고난이 닥치든 상관없습니다. 저는 온전해지기를 원합니다." 그 순간 마음에 평안이 밀려왔습니다. 그리고 그날 밤, 정말로 비밀경찰이 들이닥쳐 다시 감옥에 끌려갔습니다. 빛 한 줄기 들어오지 않는 지하 독방, 끊임없는 고문과 외로움이 다시 시작되었습니다.

그 지옥 같은 감옥에서 유일한 위안은 벽에 난 작은 구멍을 통해 옆방 죄수와 주고받는 몇 마디 말이었습니다. "당신 이름이 뭐요? 어떤 이유로 잡혀 왔소?"

그러던 어느 날, 상대가 자신의 이름과 같은 이름을 말했습니다. "이름이 뭐라고 했소?" 거듭 묻고 또 물은 끝에, 그가 바로 자신의 아들이라는 사실을 알게 되었습니다. 아들도 복음을 부인하지 않고 예수님을 믿겠다는 고백 때문에 체포되었던 것입니다.

범브란트 목사님은 고백합니다. "하나님께서 우리 부자로 하여금 주님의 십자가의 길을 함께 걷게 하신 것을 감사합니다." 만약 그가 다시 감옥에 가는 것을 거부했다면, 아들의 믿음을 붙들어줄 수도, 함께 고난의 길을 걸으며 승리할 수도 없었을 것입니다. 그러나 그는 순종했고, 하나님의 놀라운 은혜의 역사를 경험했습니다.

그 심장을 저 여자에게 주십시오

고 하형록 목사님도 깊은 고난과 순종의 길을 걸으셨습니다. 그는 심장이식을 두 번이나 받았고, 세 번째 이식이 필요할 정도로 위급한 상황에 처했습니다. 그러나 당시 법적으로는 세 번째 수술이 허용되지 않는 상태였습니다.

그는 두 번째 심장이식을 받은 후 16년간, 그것이 자신의 인생에 주어진 마지막 기회라 여기고, 하나님의 뜻에 맞춰 비즈니스를 운영하며 이웃 사랑을 실천해왔습니다. 그런데 다시 심장이식이 필요하게 된 것입니다. 담당 의사가 혈관 시술을 먼저 해보자고 제안했을 때, 목사님은 되물었습니다. "저는 이미 두 번이나 이식 수술을 받았기 때문에 더 이상 수술이 불가능한 것 아닙니까?"

의사는 미소 지으며 되묻습니다. "21년 전 일을 기억하십니까?" 21년 전, 첫 심장이식을 기다리고 있었을 때 마침 이식이 가능한 적합한 심장이 나왔고, 수술이 준비되던 순간, 옆 병실에 위급한 여자 환자가 입원했습니다. 그 심장은 놀랍게도 그 여자에게도 완벽히 일치했습니다. 그 사실을 알게 된 하형록 목사님은 의사에게 만약 자기가 받을 심장을 그 여자에게 주면 자신은 얼마나 더 버틸 수 있는지 물었습니다.

의사가 말했습니다. "그 여자는 이틀밖에 못 버티지만, 목사님은 약물 치료로 한 달은 버틸 수 있습니다." 하 목사님은 깊은 기도와 갈등 끝에 하나님의 말씀을 떠올렸습니다. "네 이웃을 네 몸과 같이 사랑하라." 그리고 결단했습니다. "그 심장을 저 여자에게 주십시오."

의사는 당황했지만, 그는 자신의 차례를 양보했습니다. 그후

하 목사님은 혼수상태에 빠졌는데, 마침 다른 병원에서 거절한 심장을 이식받아 5년을 살았고, 두 번째 이식 후 지금까지 살아왔던 것입니다. 그리고 법이 개정되어 하형록 목사님과 같은 경우에는 첫 번째 심장이식을 양보했던 기록이 남아 있었기 때문에 그가 한 번밖에 이식을 받지 않은 것으로 인정되어, 세 번째 이식을 받을 수 있게 된 것입니다. 그는 고백했습니다. "아, 이것이 은혜구나. 하나님이 기뻐하시는 대로 살았구나."

이 간증은 우리 모두에게 주시는 하나님의 메시지입니다. 우리가 하나님의 말씀에 하나하나 순종하기 시작하면, 우리의 삶에도 놀라운 간증들이 넘쳐나게 됩니다.

하나님을 믿고 한 걸음씩 옮겨라

자신의 삶에 하나님의 뜻이 이루어지기를 원하지 않는 그리스도인이 어디 있겠습니까? 그러나 대부분의 그리스도인이 자신의 삶을 향한 하나님의 뜻을 알기 어려워합니다. 그래서 자신을 향한 하나님의 뜻을 알게 해주시기를 간절히 기도하지만 응답받지 못한다고 답답해합니다.

하나님은 우리의 미래를 한꺼번에 보여주시지 않습니다. 오직 한 걸음씩 인도하십니다. 만약 우리가 10년 후, 20년 후의 일을 미리 안다면, 오히려 자만하거나 두려움에 사로잡혀 삶을 망칠지도 모르기 때문입니다. 그러므로 우리는 매 순간 하나님의 말씀에 귀 기울이고, 하루하루 순종하며 살아야 합니다. 그것이 우리에게 안전하고 유익합니다.

미국의 성악가 킴 윅스는 한국 전쟁 중 폭탄 파편으로 시력을 잃은 한국 고아였습니다. 그녀는 미군에 의해 미국으로 입양되었고 이렇게 간증합니다. "시각장애인인 제가 누군가의 인도를 받을 때, '앞으로 100미터 후 장애물이 있습니다'라고 말해주지 않습니다. 단지 '앞에 물이 있으니 건너뛰세요', '계단이 있으니 발을 올리세요'라고 말합니다. 저는 그 인도자를 믿고 한 걸음씩만 옮기면 됩니다. 하나님도 우리를 그렇게 인도하십니다. 우리는 10년 후를 알 수 없습니다. 그러나 오늘 무엇을 해야 할지는 하나님이 말씀해주십니다. 우리가 그 말씀에 순종하며 오늘을 살면, 하나님은 반드시 내일을 책임지십니다."

믿음으로 주님과 동행하기 원한다면, 우리는 성경을 펼칠 때마다 마음속으로 이렇게 고백해야 합니다. "어떤 말씀이든지 순종하겠습니다." 사도 바울은 자신의 병이 낫기를 세 번이나 간절히 기도했지만, 하나님은 이렇게 응답하셨습니다. "내 은혜가 네게 족하도다. 이는 내 능력이 약한 데서 온전하여짐이라." 바울은 그 후로 병을 고쳐달라고 기도하지 않았고, 도리어 자신의 약함을 자랑하며 하나님의 능력을 드러냈습니다.

하나님의 말씀으로 듣기

안산제일장로교회를 담임하셨던 고훈 목사님이 한때 부목사의 설교를 시시하게 여겼던 적이 있었다고 고백한 적이 있습니다. 그러던 어느 날, 이런 생각이 떠올랐다고 합니다. "부목사는 침을 튀기며 열심히 전하는데, 은혜를 못 받으면 나만 손해가 아닌가?" 그 후로는 누가 설교하든 열심히 듣고, 은혜를 받게 되었다는 것입니다.

그리고 이렇게 덧붙였습니다. "멍청한 사람은 설교를 잘하나 못하나만 따집니다. 아무리 천사가 전해도 농담으로 여기면 불바다에 휩쓸리고 맙니다. 요나는 불순종한 선지자였고, 겨우 하루 동안 40일 뒤에 망한다고 전하고, 산 위에 올라가 구경만 했습니다. 그런데도 니느웨 사람들은 임금부터 가축까지 다 회개했습니다. 중요한 것은 누가 전하느냐가 아니라, 그 말씀을 하나님의 말씀으로 듣느냐입니다."

아미시 공동체는 500년간 '용서'를 절대 가치로 삼고 살아왔습니다. "우리가 남을 용서해야 하나님도 우리를 용서하신다"라는 믿음 때문입니다. 어떤 이가 "그 가르침이 신학적으로 옳은가요?"라고 묻자 아미시 사람들은 이렇게 대답했습니다. "성경이 뭐라고 말하는지 보십시오."

우리도 마찬가지입니다. 성경을 예수님께서 오늘 내게 직접 하시는 말씀으로 받아들여야 합니다. 그렇게 말씀을 읽고 순종할 때, 우리는 그 말씀 안에서 예수님을 만나게 됩니다.

마음에 쉼을 얻으리니

우리가 누리는 가장 놀라운 복은 주님과 동행하는 삶입니다. 이를 위해서는 우리 마음과 심령에 분명한 하나님의 뜻을 붙잡고 살아야 합니다. 그것은 오직 주님만 따라가는 것입니다. 주님은 베드로를 비롯한 제자들에게도 "나를 따르라"고 말씀하셨습니다. 단지 주님만을 따르는 것, 그것이 제자로의 부르심입니다. 우리도 주님을 믿는 순간부터 예수님만 따라가는 삶을 시작한 것입니다.

하지만 여전히 많은 분들이 주님과 동행하는 삶을 어렵게 느낍니다. 저 역시 말씀을 전하는 사역자이지만 때때로 주님과의 동행이 쉽지 않다고 느낍니다. 요즘처럼 정치적 혼란과 한국 교회의 위기가 겹친 상황에서는, 하나님께서 우리에게 무엇을 하라고 하시는지 도무지 분간하기 어려울 때가 있습니다.

주님이 함께 계신다는 사실은 믿어지는데, 실제로 그분을 따라가는 일은 결코 만만하지 않습니다. 우리가 예수님과 동행하라는 말씀을 자주 들어도 정작 가정이나 직장에서 어떻게 주님을 따라가야 할지 방향을 잡지 못하는 경우가 많습니다. 이는 주님을 따라 사는 훈련이 부족하기 때문입니다.

주님이 함께하신다는 믿음도 있고, 동행해야 한다는 사실도 알지만, 그것을 실제 삶에 적용하는 훈련이 되지 않았기에 어려움이 따릅니다. 예를 들어, 자동차 운전을 배우고 면허를 받으면 합법적으로 운전할 수 있는 자격은 생기지만, 바로 운전을 잘하게 되는 것은 아닙니다. 반복해서 연습해야 능숙해질 수 있습니다. 면허를 따고도 운전을 해보지 않았다면 도로에 나서기 두려울 것입니다.

믿음도 같습니다. 주님과 동행할 수 있다는 믿음을 갖는 것과, 실제 삶에서 믿음으로 살아가는 것은 또 다른 차원입니다. 돈을 쓸 때, 사람을 대할 때, 말 한마디를 할 때조차 믿음으로 살아보는 경험이 필요합니다.

믿음은 오래전에 가졌지만, 믿음으로 살아본 적이 없는 초보신자들이 많습니다. 따라서 어떻게 주님을 따라가야 하는지, 주님이 원하시는 삶이 어떤 것인지 분간하지 못하는 이들이 많습니다. 믿음으로 살아봐야 믿음의 감각이 생기기 때문입니다. 그래서 훈련이 필요합니다. 중단하지 말고 꾸준히 훈련해야 합니다. 초보 신앙에서 벗어나야 합니다. 그렇지 않으면 '장롱면허' 같은 믿음으로 살게 됩니다.

주님에게 오라 하신 이유

주님은 수고하고 무거운 짐을 진 자들을 부르셨습니다. 여기에 해당하지 않는 사람이 있을까요? 엄청난 재산을 가졌다고 예외일까요? 아닙니다. 오히려 그런 부자가 누구보다 먼저 주님 앞에 달려올 수 있습니다. 주님께 나아오는 자는 마음의 쉼을 얻는다는 약속을 받았습니다. 여기서 말하는 쉼의 초점은 '마음'입니다.

오늘날 표현으로 수고하고 무거운 짐은 바로 '스트레스'입니다. 답답함, 두려움, 염려, 짜증 같은 정신적 고통이 그것입니다. 어떤 면에서는 부자가 가난한 사람보다 마음의 짐이 더 클 수 있습니다. 성공한 사람도 과도한 업무와 책임으로 인해 큰 스트레스를 겪습니다.

우리를 가장 힘들게 하는 것은 경제적 어려움이나 건강 문제가 아니라 마음의 문제입니다. 스트레스는 쉽게 사라지지 않으며, 평안과 기쁨, 감사와 사랑이 마음에서 사라질 때 우리는 고통을 느낍니다.

어느 목사님은 세상에서 가장 힘든 일이 '그냥 사는 것'이라고 하셨습니다. 그 말의 의미를 많은 분들이 공감하실 것입니다. 세상이 주는 쉼은 잠깐은 좋지만, 시간이 지나면 오히려 더 피곤하고 힘들게 느껴집니다.

주님이 수고하고 무거운 짐 진 자들에게 내게로 오라고 하신 이유는 마음의 쉼을 주시기 위함입니다. 우리는 "마음이 바뀌면 모든 것이 달라진다"는 말을 자주 듣습니다. 실제로 경험해보면 진정한 쉼은 마음에서 비롯된다는 것을 알게 됩니다. 그리고 예수님과의 동행이 어떤 것인지 비로소 깨닫게 됩니다. 상황과 환경이 아무리 바뀌어도 마음이 바뀌지 않으면 쉼을 얻을 수 없습니다. 마음이 열쇠이며 그 마음을 바꾸실 수 있는 분은 오직 주님뿐입니다.

하루 24시간 주님과의 동행 초대

예수님은 우리의 마음속 염려와 두려움을 어떻게 없애주실까요? 그분의 대답은 "나의 멍에를 메고 내게 배우라"입니다. 이는 예수님을 마음에 모시고 하루 24시간 주님과 동행하라는 초대입니다.

너희 염려를 다 주께 맡기라 이는 그가 너희를 돌보심이라 벧전 5:7

염려하지 않고 두려워하지 않으려면, 예수님이 나와 함께하시고 나를 돌보고 계신다는 사실이 믿어져야 합니다. 그것이 진짜 믿음입니다. 그럴 때 염려가 사라지고 두려움이 떠나갑니다. 혹시 '정말 그런 일이 일어날까?'라는 의심이 드실 수도 있습니다. 그러나 생각해보십시오. 집에 혼자 있던 아이가 부모가 돌아오면 두려움이 사라지듯, 주님이 함께하심을 믿게 되면 우리의 염려도 사라지게 됩니다.

직장이나 가정에서 끊임없이 염려가 생길 때, 믿음의 허리띠를 동여매고 주님께 모든 것을 맡기는 '믿음의 훈련'을 해보십시오. 문제를 만날 때마다 "주님이 나를 돌보신다"라고 고백하십시오. 그러면 주님께서 나를 돌보신다는 확신이 생기고, 염려는 점점 줄어들 것입니다. 여전히 문제가 남아 있어도, 마음은 더 이상 염려에 휘둘리지 않게 됩니다. 주변 사람들도 알아차릴 것입니다. "당신 정말 달라졌어요. 얼굴이 환해졌어요. 어떻게 그렇게 살 수 있죠?" 이것이 진짜 예수님을 믿는 삶의 증거입니다.

이때 중요한 것은 순서입니다. 먼저 주님이 함께하심이 믿어지고, 그다음 염려가 사라지는 것입니다. 그래서 예수님을 매일 바라보는 삶, 즉 예수동행일기를 실천해보라고 하는 것입니다.

정말 예수님을 믿는 사람인지, 진정 구원받은 사람인지 판단할 수 있는 기준은 세례 유무보다 지금 마음에 염려가 있는지를 보는 것입니다. 예수님이 나를 돌보신다는 사실이 믿어진다면, 자신의 구원을 의심할 이유가 없습니다.

내 안에서 쉬어라

19세기 영국 출신의 선교사로, 중국 내지로 들어가 복음을 전했던 허드슨 테일러 선교사도 낙심하고 좌절한 적이 있었습니다. 그는 하나님을 온전히 기쁘시게 하지 못한다는 자책감에 사로잡혔습니다. 중국인 사역자들에게 화를 낸 자신을 돌아보며, 아침에는 간절히 기도하고 다짐했지만 저녁이면 또다시 실수하는 자신의 모습을 보며 마음이 무너졌습니다. '이 정도의 믿음으로 계속 전도할 수 있을까' 하는 자책이 그를 눌렀고, 결국 쓰러지게 되었습니다.

그때 친구인 맥카디 선교사로부터 받은 한 통의 편지가 그의 삶에 전환점이 됩니다. 편지에는 이렇게 쓰어 있었습니다.

"사랑하는 주님이 네 안에서 일하게 하라. 스스로 애쓰고 버둥대지 말고 주님 안에 거하라. 믿음을 강하게 하는 길은 애써 믿음을 만들어내는 것이 아니라, 신실하신 주님을 의지하는 것이다."

그는 요한복음 15장 5절 포도나무와 가지에 대한 말씀이 떠올랐습니다. 그가 고백한 내용은 다음과 같습니다.

"나는 주님을 바라보았다. 주님을 바라보는 순간 기쁨이 솟구쳤다. 나는 그때 힘과 평안을 얻기 위한 헛된 노력을 멈추고, 그리스도의 능력과 평안 속에 쉬기로 했다. 이제 더 이상 애쓰지 않겠다. 그분이 나와 함께하시고 결코 나를 떠나지도, 저버리지도 않으시겠다는 약속, 그것이면 충분하다."

그는 이제 더 이상 스스로 노력하려 하지 않았습니다. 오직 주님 안에 거하기로 했고, 그 안에서 열매 맺는 삶을 믿었습니다. 그렇게 그의 삶은 바뀌었습니다. 염려하지 않았고, 두려워하지 않았습니다. 그는 자신이 그리스도와 함께 죽고, 장사되었으며, 다시 살아났음을 진심으로 믿게 된 것입니다.

예수님을 믿는다는 것은 단순히 죄 사함을 믿는 것만이 아닙니다. 삶 전체, 특히 먹고사는 문제에 대한 염려로부터 자유로워지는 것입니다. 어떤 문제가 닥쳐와도 주님 안에서 해결될 것을 믿는 것, 그것이 진짜 믿음입니다.

죄 사함은 믿지만, 여전히 생활 속 염려와 스트레스에 시달리고, 기도하면서도 하나님께서 응답하실 것을 믿지 못한다면, 그것은 온전한 믿음이 아닙니다. 주님과 동행하지 않고 있기 때문에 믿음의 열매도 맺히지 않는 것입니다.

예수님은 우리 안에 거하시며 우리를 책임지신다고 하셨습니다. 우리 마음에 쉼을 주시겠다고 약속하셨습니다. 이것이면 충분하지 않습니까? 주님은 우리에게 말씀하십니다.

"너, 고생스럽지? 사람 때문에 힘들지? 경제적으로도 어렵지? 이제 그만 마음고생하고 내 안에서 쉬어라. 지금 너에게 필요한 것은 마음의 쉼이야."

그러므로 주님을 신뢰하십시오. 남편이나 자녀, 주변 환경을 바꾸려고 애쓰는 대신 주님 안에 거하십시오. 당장은 어렵게 느껴질 수 있지만, 허드슨 테일러처럼 모든 것을 주님께 맡기십시오. 상황은 바뀌지 않았지만 그의 마음이 달라졌고 그로 인해 삶이 달라졌습니다.

어려움이 생기면 주님께 맡기고, 두려움이 올 때마다 주님께 맡기십시오. 문제를 해결하시는 분은 주님이십니다. 우리는 "수고하고 무거운 짐 진 자들아 다 내게로 오라"고 하신 주님의 말씀을 항상 마음에 붙들고 살아야 합니다.

예수님 안에 참된 안식이 있다

예수님의 멍에는 쉽고 짐은 가볍다고 하셨습니다. 처음 들으면 이해하기 어렵습니다. 어떻게 멍에가 쉽고 짐이 가벼울 수 있을까요? 하지만 '쉽다'는 말은 원어적으로 '편하다', '잘 맞는다'는 의미입니다. 몸에 딱 맞는 옷을 입거나 발에 잘 맞는 신발을 신으면 얼마나 편한지 우리는 잘 압니다. 예수님은 바로 그렇게 우리 삶에 꼭 맞는 분이십니다.

주님과 동행하는 것이 부담스럽다고 느껴지는 분들도 있습니다. 어떻게 주님만 바라보며 살 수 있냐고 말합니다. 그러나 그것은 아직 주님을 깊이 알지 못하기 때문입니다. 사랑하는 사람과 함께 사는 삶은 결코 부담이 아닙니다. 오히려 함께하지 않을 때 불편함을 느낍니다. 저 역시 아내와 함께하는 삶이 편합니다. 예수님은 그 누구보다도, 아내나 남편보다도 더 좋은 분이십니다.

처음에는 주님과의 동행이 어색하고 낯설게 느껴질 수 있습니다. 그러나 주님을 알게 되고 주님 안에 거하는 삶이 익숙해지면, 인생은 훨씬 더 편하고 가벼워집니다.

주님과의 동행은 죄인에게도 열려 있습니다. 초대 교회는 박해로 인해 많은 성도들이 교회를 떠났습니다. 문제는 '이들이 다시 돌아오고 싶어 할 때 어떻게 할 것인가?'였습니다. 초대 교회 성도들도 이제는 복음서를 통해, 예수님의 제자들도 한때 예수님을 배신했음을 알게 되었습니다. 이는 충격이었지만 동시에 회복의 문을 여는 계기가 되었습니다. 예수님이 배신한 제자들을 다시 받아주셨듯, 교회는 박해 때문에 잠시 떠났던 자들도 다시 받아들였습니다. 그렇게 회복된 이들은 과거와는 다른 믿음의 사람으로 변화되어, 이후 닥친 혹독한 핍박 속에서도 기꺼이 순교의 길을 걸었습니다.

이것은 단지 율법이나 교리로 가능한 일이 아닙니다. 살아 계신 주님을 인격적으로 만나고, 그분과 동행하며 사는 삶에서 비롯된 변화입니다. 예수님을 진정으로 바라보면, 삶의 모든 일이 믿음으로 보이기 시작합니다. 놀라운 변화가 일어납니다. 예수님 안에 거하는 사람은 이전과 전혀 다른 삶을 살게 됩니다.

주님과 동행하는 것은 무거운 짐을 지는 것이 아닙니다. '한 시간 기도', '예수동행일기'가 부담스럽게 느껴진다면, 아직 예수님을 깊이 알지 못하는 것입니다.

러시아의 작가 톨스토이는 청소년 시절 신앙을 떠났지만, 55세에 다시 예수님께 돌아와 이렇게 고백했습니다.

"내 인생의 처음 15년을 제외하고는 단 한 번도 안식을 경험하지 못했다. 나는 자유를 얻기 위해 종교를 버렸지만, 결국 그 자유는 허상이었다. 지금 나는 내가 버린 어머니의 품과 같은 신앙의 품으로 돌아왔다. 종교로 돌아온 것이 아니라, 예수 그리스도께로 돌아왔다. 그리고 예수 안에서 나는 다시 참된 안식을 발견했다."

세상의 짐을 덜어낸다고 진짜 쉼이 아닙니다. 문제가 사라지고, 어려움이 없어진다고 해서 진정한 쉼이 찾아오는 것이 아닙니다. 그렇게 노력해도 쉼은 오지 않습니다. 진정한 쉼은 오직 주님을 바라볼 때 주어집니다. 예수님이 마음에 왕으로 계실 때, 삶은 가벼워집니다.

예수님과 가까워지면 인생이 쉬워진다

예수님과 멀어지면 삶은 무거워지고 결국 쓰러지게 됩니다. 그러나 예수님과 가까워지면 삶은 놀라울 정도로 쉬워집니다. 모든 것이 감사하게 느껴지고, 모든 사람이 사랑스러워집니다. 인생은 그렇게 바뀝니다. 오늘부터 믿음의 실험을 시작해보십시오. 염려가 밀려올 때, 마음이 무거울 때, 즉시 주님께 나아가십시오. 그것이 마음을 지키는 길입니다.

주님은 여러분에게 평안과 기쁨, 감사와 사랑이 회복되는 은혜를 주실 것입니다. 중요한 것은 한 번의 결단이 아니라, 끊임없이 주님을 믿고 주님 안에 거하는 것입니다. 그러면 인생은 정말로 달라집니다.

운전도 처음에는 누구나 서툴고 두렵습니다. 그렇다고 운전을 포기하면 영원히 길을 나설 수 없습니다. 믿음도 마찬가지입니다. 처음에는 잘 안 되고 어렵지만, 포기하지 않고 계속해서 주님과 동행하면 반드시 눈이 열리고, 삶이 변화됩니다. 예수님을 믿고, 주님과 동행하는 삶을 절대 포기하지 말아야 합니다.

감사가 가장 큰 믿음이다

예수님과 친밀하게 동행하는 삶이 어렵다고 고백하신 한 목사님이 계셨습니다. 그분은 시간이 갈수록 주님과 동행할 수 있다는 확신이 사라져 간다고 하셨습니다. 아무리 결심하고 애를 써도 잘되지 않아 낙심이 되고, 주님과의 동행이 너무 잘된다고 말하는 사람을 보면 부럽기도 하지만, 한편으로는 정말 그렇게 살고 있는 것인지 의심이 들 때도 있다고 하셨습니다. 그 고백을 들으며, 그 목사님의 마음이 얼마나 힘들고 지쳐 있을지가 절절히 느껴졌습니다. 아마도 그런 깊은 영적 좌절은 직접 경험해본 사람만이 이해할 수 있을 것입니다.

저 역시 비슷한 경험이 많았습니다. 제가 늘 "예수님과 동행하십시오"라고 하니까 많은 분들이 저의 영성이 굉장히 깊을 것이라고 오해하곤 합니다. 그러나 실상은 그렇지 않습니다. 저도 수없이 넘어지고 좌절했던 사람이었습니다. 주님과 친밀히 동행하고 싶은 갈망은 있었지만, 현실은 육신의 욕망과 죄의 유혹에 무너져 깊은 수렁에 빠진 삶을 살았던 때가 많았습니다. 스스로 위선자라는 생각에 괴로워했던 순간도 수없이 많았습니다.

그러나 주님과 친밀히 동행하는 삶은 우리의 경건이나 결단이나 의지, 노력으로 되는 일이 아닙니다. 대단한 영성이 필요한 것도 아닙니다. 그저 예수님이 정말 마음에 거하신다는 것이 믿어지면 됩니다.

어린아이가 "엄마는 나를 사랑해. 나는 그렇게 믿어"라고 말한다고 해서 누가 그것을 대단하다고 칭찬하겠습니까? 엄마가 내일 아침밥을 챙겨줄 것을 믿는다고 그것이 어떻게 놀라운 믿음이겠습니까? 너무나 당연하고 자연스러운 일입니다.

예수님을 믿는 것도 마찬가지입니다. 우리가 예수님을 향한 사랑과 신뢰를 어린아이처럼 자연스럽게 품는 것, 그것이 진짜 믿음입니다. 성경은 분명히 말합니다. 우리의 옛사람은 이미 예수님과 함께 십자가에서 죽었고, 이제는 부활하신 예수님께서 우리의 생명이 되셨다고 말입니다. 그러니 그 사실을 그대로 믿는 것입니다.

주님이 우리 안에 거하신다고 하셨으니, 우리는 그 말씀을 그대로 받아들이는 것입니다. 이것은 전적인 하나님의 은혜로 된 일입니다. 자랑할 것도 없고, 탁월한 것도 아닙니다. 다만 우리가 그 은혜를 믿는 어린아이 같은 마음이 필요한 것입니다.

우리의 결심만으로도 주님은 기뻐하신다

사도 바울은 이렇게 말했습니다.

평강의 하나님이 친히 너희를 온전히 거룩하게 하시고 또 너희의 온 영과 혼과 몸이 우리 주 예수 그리스도께서 강림하실 때에 흠 없게 보전되기를 원하노라 너희를 부르시는 이는 미쁘시니 그가 또한 이루시리라 살전 5:23-24

우리의 영과 혼과 몸이 온전하게 되는 일은 우리가 이루어야 할 과제가 아닙니다. 하나님께서 친히 이루시는 일입니다. 그러므로 예수님과 친밀하게 살아가는 것, 거룩한 사람으로 변화되는 것을 무거운 명령으로 여기고 스트레스 받을 필요가 없습니다. 그것은 억지로 짊어져야 할 짐이 아니라, 감사와 기쁨으로 누릴 수 있는 주님의 약속이자 은혜입니다.

미국 LA 올림픽 다이빙 종목에서 금메달을 딴 중국 선수가 있었습니다. 그는 인터뷰에서 자신이 금메달을 딸 수 있었던 가장 큰 이유는 어머니 덕분이었다고 고백했습니다. 원래 그는 100미터 육상 선수였지만 시합에 나갈 때마다 자주 넘어졌고, 자신의 모습을 보기 위해 응원 오신 어머니께 늘 미안한 마음이 들었다고 했습니다. 그런데 그의 어머니는 이렇게 말씀해주셨다고 합니다. "나는 네가 1등 하는 것보다 넘어졌다가 다시 일어나는 모습이 훨씬 더 아름답다."

그 후 다이빙 선수로 전향한 후에도 어머니는 늘 "너는 이미 충분히 아름답다"고 말해주었습니다. 그래서 그는 다이빙대 위에 설 때마다 어머니의 말을 떠올리며 마음의 긴장을 풀고 침착하게 경기에 임할 수 있었다고 합니다.

하나님 아버지도 마찬가지이십니다. 우리가 실수해도 괜찮다고 하십니다. 우리가 넘어져도 다시 일어나면 된다고 격려하십니다. 무엇보다 우리가 예수님을 믿기로 결심하고 주님을 바라보겠다고 고백하는 그 순간을 이미 기뻐하십니다.

그러므로 잘되지 않는다고 낙심하거나 포기할 필요가 없습니다. 우리 안의 작은 믿음과 결심만으로도 주님은 충분히 기뻐하십니다. 늘 우리를 기뻐하시고 사랑해주시는 주님을 바라보는 믿음을 가지면 됩니다. 그 믿음이 가장 위대한 믿음입니다.

하나님이 기뻐하시는 감사생활

하나님께서 기뻐하시는 신앙생활은 단순합니다. 근심, 걱정,

불평, 불만, 염려와 두려움을 모두 주님께 맡기고, 평안과 기쁨, 감사로 사는 삶입니다. 이것이 바로 믿음의 삶이며, 가장 행복한 삶입니다. 성경도 우리에게 이런 삶을 권면하고 있습니다.

> 너희는 마음에 근심하지 말라 하나님을 믿으니 또 나를 믿으라 요 14:1

> 너희가 나를 알았더라면 내 아버지도 알았으리로다 이제부터는 너희가 그를 알았고 또 보았느니라 요 14:7

> 내가 이것을 너희에게 이름은 내 기쁨이 너희 안에 있어 너희 기쁨을 충만하게 하려 함이라 요 15:11

> 너희 염려를 다 주께 맡기라 이는 그가 너희를 돌보심이라 벧전 5:7

> 항상 기뻐하라 쉬지 말고 기도하라 범사에 감사하라 이것이 그리스도 예수 안에서 너희를 향하신 하나님의 뜻이니라 살전 5:16-18

이러한 삶이야말로 믿음의 기본이자 핵심입니다. 참된 믿음은 언제나 감사로 드러납니다. 믿음이 있는 사람은 상황과 관계없이 감사하게 되어 있습니다. 반대로, 감사가 나오지 않는다면 내 안에 믿음이 자라고 있는지를 점검해보아야 합니다.

저희 집에서 키우는 강아지가 수술을 받게 된 적이 있습니다. 수술 전날 먹을 것을 달라고 쫓아다니는 강아지를 보며 딸아이가 말했습니다. "내일 수술하는데, 그걸 모르고 저렇게 밝게 구는 게 더 안쓰러워."

아무리 강아지가 똑똑해도, 자신이 내일 수술을 받을 것이라는 사실을 알 리 없습니다. 이상한 옷을 입은 사람들이 자신을 붙잡고, 주사를 놓고, 배를 가르는 고통스러운 일을 겪게 될 것을 미리 이해할 수는 없습니다. 설령 수술이 얼마나 필요한 일이고, 생명을 지켜주는 유익한 일인지 설명하려 해도, 강아지의 수준으로는 도저히 이해가 되지 않을 것입니다.

우리도 마찬가지입니다. 왜 하나님께서 우리 삶에 이런 고난과 아픔을 허락하시는지 도무지 이해되지 않을 때가 있습니다. 그래서 우리는 낙심하고 원망하며, 때로는 하나님께 분노하기도 합니다. 하지만 시간이 지나고 돌아보면, 그 고통의 순간들이 오히려 은혜였음을 깨닫게 됩니다. 그러므로 우리는 모든 염려를 주님께 맡기고, 하나님의 선하심을 믿는 믿음으로 감사해야 합니다.

감사의 믿음을 훈련하라

목회하면서 평소 구원이나 영생에 별 관심이 없던 분들이 암과 같은 중병을 겪으며 주님께 돌아오는 것을 많이 보았습니다.

그 중의 어떤 분은 임종 직전, 천국의 영광을 본 듯한 평안한 미소를 지으며 마지막을 맞이하셨습니다. 어쩌면 암이 그 영혼을 하나님께 이끈 통로였는지도 모릅니다.

하나님의 계획은 우리의 이해를 넘어섭니다. 우리의 계획은 늘 부족하고 제한적이지만, 하나님의 계획은 완전하십니다. 우리가 도무지 납득할 수 없는 고통도 하나님께서 허락하셨다면, 그 안에 반드시 하나님의 선한 뜻이 담겨 있음을 믿어야 합니다.

프랭크 루박은 《권능의 통로》(규장)에서 이렇게 말합니다. "우리가 마지막 날 하나님을 대면할 때, 이 세상에서 우리에게 즐거움을 주었던 아이스크림이나 케이크 때문이 아니라, 고통과 아픔 중에 찾아온 영적 성장으로 인해 하나님을 찬양하게 될 것이다. 그것은 영원한 것이다."

그렇습니다. 우리가 하나님 앞에 섰을 때, 이 땅에서 겪은 가장 기쁘고 즐거웠던 순간들보다, 말로 다 할 수 없는 고통과 아픔의 시간들을 통해 영혼이 깨어나고, 믿음이 자라났던 것을 감사하며 찬양하게 될 것입니다.

인생의 큰 고비를 통해 예수님을 인격적으로 만나게 되었고, 눈물로 기도하게 되었고, 죄를 회개하게 되었고, 주님을 깊이 알아가며 믿음이 성숙해졌다는 고백이야말로 하나님 앞에서 드릴 수 있는 진정한 감사의 고백이 아닐까요? 그래서 감사가 진짜 믿음입니다. 감사의 믿음이 진짜 믿음입니다.

이런 믿음은 처음부터 생기는 것이 아닙니다. 아브라함도 그랬습니다. 그는 하나님의 부르심에 순종하여 고향을 떠났습니다. 그 자체가 믿음이었지만, 그 이후의 삶도 결코 순탄하지 않았습니다. 아브라함의 여정을 좁게 보면, 믿음으로 순종했기에 복을 받았다기보다는, 오히려 끊임없이 어려움을 겪은 인생이었습니다. 믿음으로 살고자 했지만 실수하고, 넘어지고, 때로는 두려워하며 외면하기도 했습니다. 그러나 그때마다 하나님은 아브라함을 포기하지 않으셨고, 그를 다시 붙드셨습니다.

결국 아브라함은 이삭을 바치라는 하나님의 명령 앞에서 온전히 순종할 수 있는 믿음의 사람으로 자라게 됩니다. 그 믿음은 한 번의 결단으로 완성된 것이 아니라 실패와 연단, 하나님의 인도하심 속에서 자라난 믿음이었습니다.

그러므로 우리도 한 번 믿은 것으로 만족하지 말고, 날마다 믿음이 자라가기를 소망하며, 고난 중에도 감사하는 믿음을 훈련해야 합니다. 그것이야말로 하나님이 기뻐하시는 삶입니다.

삶의 모든 순간에 감사하기

우리의 믿음이 자라면, 삶의 모든 순간에 감사할 수 있는 사람이 됩니다. 대표적인 예가 바로 하박국 선지자입니다. 그는 나라가 멸망하던 참혹한 시대에 활동한 선지자였습니다. 나라가 영적으로 완전히 무너져 내리는 현실 앞에서 그는 하나님께 원망의 기도를 드립니다. "어떻게 이런 일이 있을 수 있습니까? 언제까지 이 상황을 내버려두실 겁니까?"

그러나 하박국은 그 깊은 고뇌의 기도 가운데 하나님의 섭리를 깨닫게 됩니다. 하나님께서 이 고난을 허락하신 이유는 이스라엘을 망하게 하려는 것이 아니라, 그들이 회개하고 다시 돌아오기를 원하시는 사랑의 계획이라는 것을 알게 된 것입니다.

비록 무화과나무가 무성하지 못하며 포도나무에 열매가 없으며 감람나무에 소출이 없으며 밭에 먹을 것이 없으며 우리에 양이 없으며 외양간에 소가 없을지라도 나는 여호와로 말미암아 즐거워하며 나의 구원의 하나님으로 말미암아 기뻐하리로다 합 3:17-18

하박국은 주님과 동행하는 가운데 하나님의 뜻을 알게 되었습니다. 그래서 나라가 멸망하는 그 순간에도 감사할 수 있었습니다. 심지어 하나님의 뜻이 이루어지기를 간절히 바라는 마음으로, 그 일이 빨리 일어나기를 구하기까지 합니다. 감사의 비밀은 바로 이 주님과의 동행에 있습니다.

오직 감사로 살아보라

우리가 자주 묵상하는 성령의 열매에는 '감사'가 없습니다. 팔복에도 '감사'는 나오지 않습니다. 왜 그럴까요? 감사는 성숙한 사람만의 특별한 덕목이 아니라 가장 기본적인 믿음의 표현이기 때문입니다.

믿음을 가지면 자연스럽게 감사가 나오게 되어 있습니다. 어린 아이에게는 "고맙습니다"라고 말하는 법을 가르치지만, 성인에게는 그것을 따로 가르치지 않습니다. 너무나 기본적인 태도이기 때문입니다. 마찬가지로 신앙생활을 하는 사람에게 감사가 없다면, 그것은 믿음의 기초가 없는 것과 같습니다.

감사가 없는 신앙은 존재할 수 없습니다. 감사하지 않는 사람은 믿지 않는 사람과 같습니다. 이처럼 감사는 우리 믿음의 바로미터입니다. 어떤 상황에서도 감사할 수 있다면, 그 사람은 반드시 그 어려움에서 벗어날 수 있습니다.

실제로 한 성도의 딸이 대학 입시에 실패하고 온 집안이 어두운 분위기에 잠긴 적이 있었습니다. 그때 성도님이 딸에게 이렇게 권면했습니다. "시험을 망쳐서 속상하겠지만, 오늘 하루 감사한 일을 떠올려봐. 그리고 그 감사한 일을 적어보자. 하나님께 감사헌금으로 드려보렴."

딸은 처음에는 힘들어했지만, 생각해보니 시험 외에는 모든 것이 감사한 일이었습니다. 그렇게 마음이 회복되었고, 다시 힘을 내서 도전하여 결국 대학에도 진학하게 되었습니다.

감사는 고난 속에서 우리를 건져내는 능력입니다. 감사는 마음을 살리고, 생각을 바꾸며, 우리의 길을 새롭게 열어줍니다. 그러므로 모든 삶의 순간을 오직 감사로 살아보기 바랍니다.

감사를 연습하라

김명혁 목사님은 초등학교 시절을 평양에서 보냈습니다. 그때 공산당 정권은 일요일마다 교회 가는 것을 금지했습니다. 하지만 목사님은 주일마다 교회로 가 예배를 드리고 하루 종일 그곳에 머물렀습니다. 다음 날이면 학교에서 정학을 당하고, 꾸중을 들어도 다시 교회로 향했습니다.

결국 그는 신앙을 지키기 위해 부모님과 떨어져 탈북하기로 결단합니다. 그러나 탈북 도중 인민군에게 발각되고 말았습니다. 인민군이 "손 들어! 멈춰!" 하고 외쳤지만, 목사님은 멈추지 않았습니다. 그는 목숨을 걸고 남쪽을 향해 달렸습니다. 얼굴까지 차오르는 강물을 건너 탈북에 성공했고, 홀로 남한에 정착하여 어렵게 공부하고, 유학까지 다녀온 후에 훌륭한 목회자가 되었습니다.

그의 운명을 바꾼 것은 바로 그 결단의 순간이었습니다. 신앙을 지키겠다고, 교회를 떠나지 않겠다고, 감사로 살아보겠다고 결단했을 때 그의 인생은 완전히 달라졌습니다.

우리에게도 그런 전환점이 찾아옵니다. 그것은 거창한 일이 아닐 수 있습니다. 그러나 "나는 어떤 일이 있어도 감사하며 살겠다"고 결단하는 그 순간, 우리의 믿음과 인생이 바뀌기 시작합니다.

삶을 바라보는 시선을 감사로 바꾸는 훈련이 필요합니다. 어떤 상황이든, 하나님이 나와 함께하신다는 믿음 안에서 감사하는 것입니다. 그 믿음이 바로 운명을 바꾸는 믿음입니다. 그리고 그 믿음은, 하나님께서 가장 기뻐하시는 믿음입니다.

몇 해 전, 미국 뉴욕에서 열린 세미나에 참석한 적이 있습니다. 그곳에서 그 지역 교회연합회 회장 목사님과 식사할 기회가 있었는데, 식사 도중 목사님께서 아주 특별한 이야기를 들려주셨습니다. 자신이 섬기는 교회 교인들과 함께 '하감쓰'를 실천하고 있다는 것이었습니다. '하감쓰'란 "하나님께 감사 일기 쓰기"의 줄임말이었습니다.

교인들은 매일 10개, 20개, 어떤 분은 30개씩 감사 제목을 일기에 써 내려간다고 했습니다. 그렇게 감사일기를 써 내려가는 가운데 교인들의 믿음이 놀라울 정도로 자라고 있다는 것이었습니다. 단순한 습관처럼 시작한 일이었지만, 그 일기를 통해 교인들의 생각이 바뀌고, 삶이 바뀌고, 인생이 바뀌고 있다는 것이었습니다.

감사는 결코 감정에만 의존하는 반응이 아닙니다. 믿음으로 훈련해야 할 삶의 태도입니다. 예수동행일기나 한 시간 기도도 마찬가지입니다. 처음에는 어려울 수 있지만, 계속해서 주님과 동행하며 감사를 배우는 이 훈련이 반드시 우리의 인생을 바꾸게 될 것입니다.

감사는 불평, 원망, 염려와 두려움에서 벗어나게 하는 믿음의 힘입니다. 따라서 감사는 연습해야 합니다.

감사는 결단이다

다니엘은 자신이 사자굴에 던져질 것을 알고도, 근심하거나 두려워하지 않았습니다. 불평하거나 회피하지 않았습니다. 오히려 그는 늘 하던 대로 창문을 열고 하나님께 기도하며 감사를 드렸습니다. 염려와 불안이 아니라 감사로 나아간 것입니다. 그 믿음을 보신 하나님께서는 다니엘을 사자의 입에서 지켜주셨고, 오히려 그의 원수들이 심판을 받게 하셨습니다.

바울과 실라도 마찬가지였습니다. 빌립보 감옥에서 억울하게 갇히고 고통을 당했지만, 그들은 밤중에 찬송하며 기도했습니다. 그 기도와 찬송은 단지 입술에서 나온 소리가 아니라, 감사로 드리는 믿음의 고백이었습니다. 염려와 두려움, 원망과 좌절을 십자가에 못 박은 이들이었기에, 그들은 그 순간에도 하나님을 찬양할 수 있었습니다. 하나님은 그들의 감사를 받으시고 놀랍게 역사하셨습니다.

우리는 이 믿음의 본을 따라야 합니다. 하나님을 신뢰하는 사람은 어떤 상황에서도 감사할 수 있습니다. 지금 여러분의 인생에 영적인 지진이 일어나고 있습니까? 무너진 마음, 흔들리는 상황, 답답한 현실 속에서 여전히 불평과 염려 속에 머물고 계십니까? 그렇다면 지금 이 순간 결단하십시오. "이제는 감사로 살겠습니다. 불평이 아닌 믿음으로, 염려가 아닌 소망으로, 절망이 아닌 기쁨으로 살겠습니다."

그리고 하나님 앞에 이렇게 기도하십시오. "하나님, 저는 이제 진짜 믿음으로 살고 싶습니다. 소망과 사랑으로 살겠습니다. 주님께 제 모든 근심과 걱정과 불평을 맡겨 드립니다. 저는 이제 평안과 기쁨과 감사함으로 살기를 원합니다."

우리가 결단하며 기도하는 자리에, 반드시 성령님께서 기름 부으시며 역사하실 것입니다. 감사는 믿음의 훈련이며, 인생을 바꾸는 능력입니다. 감사의 사람으로 살아가는 복된 하루하루가 되시기를 축복합니다.

떠나야 할 곳에서 떠나는 믿음

예수님과 동행하자는 것은 단지 교회에 열심히 다니자는 것이 아닙니다. 예수 그리스도께서 지금 내 안에 살아 계신 것을 분명히 믿고 고백하며 살자는 것입니다. 그때부터 주님과의 동행은 시작됩니다.

너희는 믿음 안에 있는가 너희 자신을 시험하고 너희 자신을 확증하라 예수 그리스도께서 너희 안에 계신 줄을 너희가 스스로 알지 못하느냐 그렇지 않으면 너희는 버림 받은 자니라 고후 13:5

예수님이 내 안에 계신 것이 믿어지지 않는다면, 아직 진정으로 예수님을 믿는 것이 아닙니다. 사도 바울은 그런 자를 "버림받은 자"라고 했습니다. 제아무리 "지금 죽어도 천국에 갈 자신이 있다"고 말해도 실제로 주님과 동행하는 삶을 살고 있지 않다면 그것은 위험한 자기기만일 수 있습니다. 주님은 분명히 말씀하셨습니다.

> 나더러 주여 주여 하는 자마다 다 천국에 들어갈 것이 아니요 다만 하늘에 계신 내 아버지의 뜻대로 행하는 자라야 들어가리라 마 7:21

예수님이 내 안에 거하신다는 확신은 너무나 중요합니다. 그것은 그가 진정 천국에 들어갈 사람인지를 아는 기준입니다. 이 확신이 있는 사람은 구원의 여부를 의심할 필요가 없습니다. 다시 오실 예수 그리스도를 지금 마음에 모시고 사는데 그보다 더 분명한 증거가 어디 있겠습니까?

떠나는 믿음

어떤 사람은 예수님과 동행하라고 하면, 자기가 이미 예수님을 영접하였으니 예수님과 동행하고 있는 것이 아니겠느냐고 말합니다. 그 믿음은 귀하면서도 한편으로 점검이 필요한 믿음입니다.

예수님과 동행하는 것은 내가 있는 자리에 주님이 찾아오시는 것이 아니라, 주님이 가시는 길을 따라 내가 떠나가는 것입니다.

육신의 정욕과 세상의 가치 안에 머물러 있으면서 주님과 동행하고 있다고 생각하면 안 됩니다. 주님과 동행하면 그동안 정들었던 곳, 자기 마음대로 살았던 곳을 떠난 것이 분명해야 합니다. 아브라함에게 찾아오신 하나님께서 하신 첫 말씀이 이것입니다.

여호와께서 아브람에게 이르시되 너는 너의 고향과 친척과 아버지의 집을 떠나 내가 네게 보여 줄 땅으로 가라 창 12:1

아브라함에게 있어서 하나님과의 동행은 바로 이 '떠남'에서 시작됩니다. 아브라함이 하나님의 말씀에 순종했지만, 그것이 처음부터 온전한 순종은 아니었습니다.

그는 도중에 하란에 머물렀습니다. 처음부터 아버지와 조카 롯도 함께 데리고 떠났습니다. 믿음의 여정이 처음이었기 때문에 온전히 분별하지 못했기 때문입니다. 하란까지는 갈 수 있었지만, 그 이후는 광야의 길이었습니다. 막막한 여정 앞에서 아브라함은 머뭇거렸습니다. 떠났지만 완전히 떠나지는 못한 것입니다.

하나님은 아브라함에게 단순히 "떠나라"고만 하지 않으셨습니다. 엄청난 약속도 함께 주셨습니다.

내가 너로 큰 민족을 이루고 네게 복을 주어 네 이름을 창대하게 하리니 너는 복이 될지라 너를 축복하는 자에게는 내가 복을 내리고 너를 저주하는 자에게는 내가 저주하리니 땅의 모든 족속이 너로 말미암아 복을 얻을 것이라 하신지라 창 12:2-3

단순한 복이 아니라 복의 근원이 되는 황홀한 약속이었습니다. 그러나 아브라함에게는 하나님의 축복보다도 고향을 떠나는 두려움, 친척을 떠나는 불안이 더 크게 느껴졌습니다. 결국 그는 완전한 순종 대신 부분적인 순종만 했습니다.

오늘날 우리도 마찬가지입니다. 예수님을 믿기는 하지만, 말씀에 전적으로 순종하며 살아가는 사람은 많지 않습니다. 하나님의 말씀을 몰라서 그런 것이 아닙니다. 아직 하나님을 인격적으로 만나지 못했기 때문이기도 하고, 세상이 주는 풍요와 세상 사람들로부터 받는 인정에 더 끌리기 때문입니다.

그래서 떠나야 할 때 떠나지 못한 채, 주님과 동행하지 못하고 살아가는 것입니다. 그 결과 하나님께서 약속하신 놀라운 축복을 실제로 경험하지 못하는 것입니다. 예수님을 믿고도 하나님이 주신 엄청난 약속을 제대로 누려보지 못하고 죽는다면 그보다 원통할 일이 어디 있겠습니까?

머물러 있는 곳에서 하나님의 역사는 멈춘다

아브라함은 아버지 데라가 죽고 나서야 비로소 하란을 떠나,

하나님이 이끄시는 여정을 다시 시작합니다. 하란에 있는 동안 하나님은 역사하지 않으셨습니다. 하나님은 아브라함이 하란을 떠날 때까지 기다리셨던 것입니다.

이것은 우리에게 깊은 교훈을 줍니다. 떠나야 할 곳에 계속 머물러 있다면, 인생을 낭비하는 것입니다. 아무리 열심히 살고 기도하고 몸부림쳐도, 떠나야 할 곳에 계속 있다면 하나님의 역사는 나타나지 않습니다.

혹시 지금 우리가 그런 하란에 머물러 있지는 않습니까? 정말 열심히 살고 있는데도 성령의 열매가 맺히지 않고, 주님의 임재가 느껴지지 않는다면, 내가 지금 떠나야 할 그 자리에 여전히 머물러 있는 것은 아닌지 돌아보아야 합니다. 떠나야 할 곳에서는 아무리 노력해도, 얻을 수 있는 것이 없습니다. 주님의 인도하심을 따라 이제는 머무르던 곳을 떠나야 할 때입니다.

예수님과 친밀히 동행하는 삶이 어렵게 느껴집니까? 도무지 그렇게 살 수 없을 것 같고, 그 길이 고생만 하는 길처럼 보입니까? 그렇다면 심각한 착각 속에 있는 것입니다. 지금의 삶이 편하고 익숙하다고 해서 그 자리에 머물면 하나님의 약속은 결코 이루어지지 않을 것이기 때문입니다.

하나님께서 아브라함에게 괜히 떠나라고 하신 것이 아닙니다. 그 자리에서는 하나님의 약속을 성취할 수 없기 때문입니다. 아브라함이 하나님의 부르심에 순종하여 떠나기 시작했을 때, 그때부터 하나님은 그의 인생을 빚어가기 시작하셨습니다. 그 순간이 하나님의 약속이 이루어지는 시작이었습니다.

어려운 길일지라도 주님의 부르심이라면 지금 당장 떠나야 합니다. 그 길이 언제나 최선입니다. 눈에 보이는 것으로 좋다 싫다 하지 말고, 믿음으로 결단하여 하나님의 말씀에 순종해 나아갈 때, 고난 속에서도 하나님의 축복을 경험하게 됩니다.

고난도 기뻐해야 하는 이유

오래전 제주도에서 장로 수련회를 인도한 적이 있었습니다. 첫날 큰 눈 때문에 어려움을 겪었고, 차량이 눈에 빠져 늦은 밤에야 숙소에 겨우 도착하여 계획된 일정에 큰 차질을 빚었습니다. 그런데 둘째 날은 언제 그랬느냐는 듯 너무나 맑고 화창한 날씨로, "예수님과 동행하는 행복한 여행"이라는 표현이 어울릴 만큼 좋은 시간이었습니다. 그런데 돌아보니 정작 더 기억에 남는 것은 힘들고 고생했던 첫날이었습니다.

어느 장로님께서 수련회 여정 중 예수동행일기에 이렇게 쓰셨습니다. "예수님과의 행복한 여행은 좋은 날씨가 아니라, 고생한 날이었다는 생각이 번쩍 들었습니다. 날씨가 너무 좋으면 감사는 드리지만, 마음은 온통 아름다운 풍경에 빼앗기기 쉬웠습니다. 예수님만 바라보기가 어려웠습니다.

그런데 고생한 날은 오직 예수님만 바라보았고 기도했습니다. 그래서 그런지 일행 중 누구도 불평 한마디 없었고, 어린아이들처럼 즐거워하였고, 비록 늦은 밤이었지만 환상적인 대접도 받았습니다. 모두 평생 잊을 수 없는 추억이 되었다고 말하며 하룻밤 천국의 꿈을 꾼 것 같았습니다. '주님, 그렇습니다. 앞으로는 좋은 환경보다 궂은 환경이 더 복된 여행임을 기억하겠습니다.'"

하나님께서 우리에게 괜히 어려움을 허락하시는 것이 아닙니다. 주님만 바라보는 눈이 뜨이는 훈련이 되어야 비로소 주님이 우리의 인생 전체를 만들어 가실 수 있기 때문입니다. 그러니까 고생을 두려워해서는 안 됩니다. 주님의 말씀대로 살려면 고난을 각오해야 합니다. 아니 기뻐해야 합니다.

떠날 때 믿음이 자라난다

긴 시간 영적으로 방황하던 아브라함이 마침내 가나안 땅에 도착합니다.

아브람이 그의 아내 사래와 조카 롯과 하란에서 모은 모든 소유와 얻은 사람들을 이끌고 가나안 땅으로 가려고 떠나서 마침내 가나안 땅에 들어갔더라 창 12:5

성경은 '마침내'라는 단어를 씁니다. 그 짧은 표현 속에 아브라함의 수많은 망설임과 결단, 실패와 순종의 여정이 담겨 있습니다. 하나님은 아브라함에게 처음부터 이삭을 바치라고 하지 않으셨습니다. 처음부터 그런 믿음을 요구하셨다면, 아브라함은 갈대아 우르를 떠나지도 못했을 것입니다. 하나님은 그의 믿음이 자라나도록 기다리셨습니다.

고향을 떠나는 것도 힘겨웠던 아브라함은, 여러 여정을 지나며 믿음을 배우기 시작했습니다. 결국 백 세에 이삭을 얻게 되었습니다. 그것만으로도 대단한 믿음인데, 백 세에 얻은 귀한 아들을 하나님께 바칠 수 있을 정도의 믿음으로 성장했습니다. 하나님을 향한 아브라함의 신뢰가 놀랍게 커진 것입니다.

그가 하나님이 능히 이삭을 죽은 자 가운데서 다시 살리실 줄로 생각한지라 비유컨대 그를 죽은 자 가운데서 도로 받은 것이니라
히 11:19

이 믿음은 단순히 순종을 넘어, 하나님을 향한 완전한 신뢰의 결과였습니다. 주님만 바라보고, 주님이 하시는 말씀이라면 어떤 것이든 따를 수 있는 믿음, 그것이 하나님이 아브라함에게 원하신 믿음이었습니다.

오직 예배드리기 위해 떠났던 믿음

세계가 주목했던 한국 교회의 부흥과 뜨거움은 어디에서 비롯된 것일까요? 선교사들이 어느 나라에 가서나 같은 복음을 전했는데, 왜 한국 교회에 그렇게도 열정적인 기도와 헌신이 있었을까요? 저는 그 비밀이 제대로 된 예배를 드리기 위해 '떠났던 믿음'에 있다고 생각합니다.

북한에 공산 정권이 들어섰을 때, 많은 그리스도인들이 고향과 가족, 모든 것을 버리고 남쪽으로 피난길을 떠났습니다. 이것을 한번 자신의 일이라고 생각해보기 바랍니다. 고향, 가족, 집, 일터를 다 버리고 피난을 간다는 것이 얼마나 어려운 일입니까? 도대체 어떤 것이 그렇게 소중했기에 피난길을 떠났다는 말입니까? 그것은 자유롭게 예배드리는 일이었습니다.

북한에서는 더 이상 자유롭게 예배할 수 없으니, 오직 자유롭게 예배드리기 위하여 인생을 걸었고, 피난도 마다하지 않았습니다. 이처럼 목숨을 걸고 고향을 떠났던 사람들, 오직 주님만을 바라보며 자신의 모든 것을 버린 사람들의 기도가 절실하지 않았겠습니까? 한국 교회의 철야기도, 금식기도가 괜히 생긴 것이 아닙니다. 그것이 지금의 한국 교회를 있게 한 원동력이었습니다.

우리는 이 믿음의 유산을 작은 것으로 여겨서는 안 됩니다. 지금도 주님은 우리에게 그와 같은 믿음을 요구하십니다. 지금 가정이나 직장을 떠나라는 것이 아닙니다. 예배의 자유를 위하여 피난도 마다하지 않았던 그 절실한 믿음, 간절한 믿음으로 살아야 한다는 것입니다.

우리가 주님만 바라보는 믿음, 인생을 걸고 예배드리는 믿음, 하나님을 위해 전부를 드릴 수 있는 믿음으로 나아갈 때, 하나님의 약속은 이루어집니다.

부름의 상을 위해 오늘도 한 걸음

가끔 생각은 있는데 몸이 따라주지 않는 순간이 있습니다. 흔히 가위눌린다는 표현처럼, 도무지 깨어나지 못하고 움직이지 못하고, 식은땀만 흘리는 것 같은 상태. 영적으로도 그런 순간이 찾아옵니다. '이러면 안 되는데' 하면서도 계속 그 자리에 머물러 있고, '지금 떠나야 하는데' 하면서도 떠나지 못하고, '기도해야지, 성경 읽어야지' 하지만 행동으로 옮겨지지 않습니다. 마음은 간절한데 도저히 실천으로 이어지지 않는 이 상태가 바로 '영적 침체'입니다.

이러한 영적 침체는 나 하나만의 문제가 아니라, 하나님나라를 향해 나아가는 공동체 전체에도 영향을 미칩니다. 그러므로 지금 내가 혹시 영적으로 침체되어 있지는 않은지 돌아보아야 합니다.

한 발짝도 움직일 수 없을 것 같아도, 한 걸음을 내디뎌야 합니다. 아브라함도 처음에는 머뭇거렸습니다. 떠나야 한다는 하나님의 음성을 들었지만, 당장 순종하지 못하고 하란에 머물렀습니다. 그러나 결국 떠났고, 그 걸음이 하나님의 약속이 이루어지게 하는 시작이 되었습니다.

우리는 부름의 상을 향해 달려갈 수 있는 은혜를 받았습니다. 그렇다면 떠나지 못한 채 머뭇거리고 있는 지금의 모습은 마귀에게 속고 있는 것입니다. 마귀는 우리의 눈을 가려 영적 침체에 머무르게 하지만, 주님은 우리의 눈을 여시고, 그 침체에서 벗어나게 하실 분입니다. 지금이 바로 믿음으로 한 걸음을 내딛어야 할 때입니다.

믿음의 한 걸음을 내디뎌라

저는 목사가 되면 그것으로 헌신은 끝이라고 생각했습니다. 신학교에 들어가는 것만으로도 충분히 하나님께 내 삶을 드렸다고 여겼습니다. 앞으로는 목사로서 살아가는 것만 남았다고 여겼습니다. 하지만 그것은 완전한 착각이었습니다. 목사가 된 것은 끝이 아니라 시작이었습니다. 주님은 저로 하여금 주님과의 동행을 위해 모든 것을 내려놓게 하셨습니다.

군목 입대를 위한 훈련 중 다리에 중상을 입고 장애인이 될 처지에 빠졌을 때, 주님은 오히려 저에게 그 다리를 바칠 마음을 주셨습니다. 그리고 제가 하나님의 종이 될 수 있다면 어떤 것도 드릴 수 있다는 마음으로 순종하자 주님은 오히려 그 다리를 회복시켜 주셨습니다.

하나님은 저로 하여금 "아무 유익도 구하지 않겠습니다"라는 고백을 하게 하셨고, 대학원 학위까지 내려놓게 하셨으며, 고난의 길도 걷게 하시고, 돌짝밭 사명의 자리로 나아가게 하셨습니다.

한 걸음도 나아갈 수 없을 만큼 힘든 상황 속에서도 주님은 저에게 맡겨진 영혼들을 떠올리게 하셨고, 다리가 후들거려서 도저히 움직일 수 없는 상황이었지만 주님을 바라보며 한 걸음씩 걸어갔습니다. 지금도 저는 여전히 그런 심정으로 살아가고 있습니다. 그런데 놀라운 것은, 그렇게 믿음의 걸음을 걸을 때마다 주님이 함께해주셨다는 사실입니다. 무너지지 않도록, 주저앉지 않도록, 주님은 제 곁을 떠나지 않으셨습니다.

여러분도 믿음의 한 걸음을 내디뎌 보십시오. 주님의 살아 계심과 도우심을 반드시 경험하게 될 것입니다.

그가 내 앞으로 지나시나 내가 보지 못하며 그가 내 앞에서 움직이시나 내가 깨닫지 못하느니라 욥 9:11

욥의 고백처럼, 주님은 우리가 보지 못하는 순간에도 우리 곁을 지나고 계십니다. 지금 주님의 임재가 느껴지지 않더라도, 절실한 심정으로 주님 앞에 나아가 기도해야 합니다. 우리가 주님을 향해 움직일 때, 그때부터 주님의 역사가 시작됩니다.

생명의 길과 사망의 길

어느 해 연말 교인 총회가 있던 주일 아침, 교회 앞에서 신천지 전도지를 나누는 이들이 있었습니다. 그 상황을 바라보던 한 목사님이 이렇게 해석하였습니다.

"연말이 되고 교인 총회가 열리면 교회마다 마음에 시험 드는 성도들이 많이 생깁니다. 직분 때문에 말입니다. 이단이 그 틈을 노리는 것이겠지요."

그 말씀이 마음에 깊이 남았습니다. 권사, 집사, 장로라는 직분은 중요하고 귀한 것입니다. 그러나 직분에 대한 욕심은 다른 문제입니다. 아무리 귀하여도 욕심에서 떠나지 않으면 마귀가 사로잡습니다.

우리 앞에는 늘 생명의 길과 사망의 길, 축복의 길과 파멸의 길이 함께 놓여 있습니다. 그러므로 "나는 주님을 의지하고 말씀에 순종하여 생명의 길로 나아갈 것이다"라는 결단이 필요합니다. 사안마다 고민하고 망설이다가는 평생 주저하다가 아무것도 이루지 못하고 끝나게 됩니다. 중요한 시험은 다가오는데 '공부가 안 된다', '공부하기 싫다', '세상이 너무 재미있다' 하는 학생을 보는 것은 정말 속 터지는 일이 아닐 수 없습니다.

우리는 그렇게 살아서는 안 됩니다. 하나님의 부르심 앞에서 '힘들다 죽겠다', '하기 싫다' 하고 있으면 큰일입니다. 준비되지 않으면 맞이할 수 없는 하나님의 때가 있습니다. 이제는 오직 주님으로 사는 삶을 결단해야 합니다. 그 길은 가장 흥미진진한 믿음의 여정이 될 것입니다.

PART

3

믿음으로
순종하라

믿음으로 주신 것에 충성하라

지금 우리는 너무나 혼란스럽고 불안한 시대를 지나고 있습니다. 이럴 때일수록 더욱 믿음으로 살아야 합니다. 믿음으로 산다는 것은 눈에 보이고 귀에 들리는 것으로 '좋다, 나쁘다', '된다, 안된다'를 섣불리 판단하지 않는 것입니다. 하나님의 말씀으로 확인하고, 주님으로부터 분별을 받고 난 다음에 판단하는 것입니다.

1908년 독일 베를린에 21살 된 피아니스트가 있었습니다. 실력도 괜찮은데 배고픔과 외로움과 좌절감에 빠져서 자살을 결심했습니다. 독약도 권총도 구할 수 없어 목욕탕 고리에 낡은 혁대를 걸고 의자에 올라 목을 맸습니다. 그러나 혁대가 끊어지면서 그는 죽지 않았습니다. 그는 이렇게 고백합니다.

"나는 울었다. 반쯤 정신이 나간 상태에서 피아노 앞에 앉아 한

숨을 쉬고 또 울었다. 내가 사랑했던 음악이, 나를 이렇게 비참한 길로 인도했구나 싶었다. 그런데 갑자기 배가 고파졌다. 소시지 두 개만 먹을 수 있으면 좋겠다고 생각했다. 밖으로 나가던 중 문득 멈춰 섰다. 무엇인가 나를 통과하고 있었기 때문이다.

그것은 어떤 계시나 강림 같은 것이었다 나는 마치 처음 눈을 뜬 사람처럼 내 주위를 살폈다. 거리와 나무, 사람들과 소음까지 새롭게 느껴졌다. 삶은 놀라운 것이었다. 세상은 살 만한 것이었다. 설령 감옥에 갇혔거나 병들어 누워 있다 하더라도 말이다. 나는 지금까지도 강하게 믿고 있다. 삶은 그것이 좋은 것이든 나쁜 것이든 관계없이 사랑할 만한 것이다.”

이 고백의 주인공은 세계적인 피아니스트 아르투르 루빈스타인입니다. 그의 음악적인 재능은 정말 놀랍습니다. 그런데 그런 사람도 우울증에 빠져서 자신이 비참하게 느껴진 것입니다.

우리의 문제는 능력이나 재능, 소유가 부족한 것이 아닙니다. 믿음으로 살지 못하는 것이 문제입니다. 믿음으로 사는 삶은 자신의 환경을 보고 어리석은 판단을 하지 않습니다. 하나님의 사랑을 믿고, 내 안에 오신 예수님을 믿고 살기 때문에 삶 전체가 다르게 보입니다.

한 달란트 받은 자입니까?

여러분은 몇 달란트 받은 사람입니까? 우리의 문제는 재능이나 소유가 부족해서가 아닙니다. 하나님께서 주신 것이 크고 놀라워도, 낙심과 비교로 인해 그것을 감추고 사는 것이 문제입니다.

많은 사람들이 자신은 한 달란트 받은 자라고 여깁니다. 왜 그렇게 생각할까요? 객관적인 근거가 있어서 그렇게 생각하는 것이 아니라 사람들과 비교하기 때문입니다. '나는 왜 이 모양이지? 왜 이렇게 태어났지? 왜 내 환경은 이럴까?' 이런 생각은 한 달란트를 받은 자가 아니라, 한 달란트를 받았다고 '착각하는 자'의 마음입니다. 사도 바울은 놀라운 말씀을 하였습니다.

우리가 이 보배를 질그릇에 가졌으니 이는 심히 큰 능력은 하나님께 있고 우리에게 있지 아니함을 알게 하려 함이라 고후 4:7

우리는 연약한 질그릇 같지만, 그 안에 담긴 것은 보잘것없는 것이 아닙니다. 우리 안에 하나님이 담아주신 보배가 있습니다. 바로 예수 그리스도, 만왕의 왕이신 주님이 우리 안에 거하십니다.

그렇다면 예수님은 몇 달란트에 해당하실까요? 말로 다 할 수 없이 크신 분, 그분이 우리 안에 계십니다. 그런데도 누군가는 그 사실을 아무렇지 않게 여깁니다. 감격도, 충격도 없습니다. 바로 그 사람이 한 달란트 받은 사람입니다.

주님은 우리가 얼마나 많이 가졌는지를 묻지 않으십니다. 주신 것을 가지고 충성했는가를 보십니다. 그분 앞에 서는 날, "잘하였다 착하고 충성된 종아"라는 주님의 음성을 듣는 사람은 예수님이 마음에 거하심을 믿고 주님과 친밀히 동행하는 사람입니다.

주님은 겨자씨 비유를 통해 하나님의 나라가 지금은 작고 보잘 것없어 보여도 그 안에 생명이 있기 때문에 자라서 큰 나무가 될 것이라고 말씀하셨습니다. 겨자씨 안에는 생명이 있습니다. 예수님을 마음에 모신 사람 안에도 그와 같은 생명이 있습니다. 그러나 그 생명을 작게 보기 때문에 실제로 그것을 누리지 못하는 것입니다.

예수님께서 내 마음에 거하신다는 사실 앞에 감격하고 놀라는 사람, 그 사람에게 예수님은 다섯 달란트입니다. 그리고 그런 자는 이렇게 고백합니다. "예수님 한 분이면 충분합니다."

독수리의 정체성을 기억하라

전도사 시절 목회자 모임에서 들었던 독수리와 병아리 이야기가 지금도 선명하게 기억납니다.

"한 나무꾼이 산에 나무하러 갔다가 새 알을 하나 가지고 와서 알을 품은 어미 닭 품속에 넣었더니 독수리 새끼가 나왔습니다. 7, 8개월 정도 자라자 모양은 어느새 독수리가 되었으나 자기가 독수리인 줄 모르고 사는 것입니다. 높은 하늘에 떠 있는 독수리를 보고 날개를 퍼덕거리기는 하지만 여전히 바닥의 모이만 주워 먹습니다. 자신을 병아리인 줄 알기 때문입니다."

여기까지 말한 그 강사님이 이렇게 외쳤습니다. "젊은 목회자 여러분, 제가 오늘 이 자리에 선 것은 여러분이 독수리라는 사실을 말씀드리려고 선 것입니다. 아마 여러분들 중에 많은 분들이 창공을 날고 있는 독수리를 바라보며 나도 저렇게 한번 날아보았으면 좋겠다고 생각만 했지, 한 번도 날아볼 엄두도 내지 못했을 것입니다. 이제 믿음과 생각을 바꾸어보시기 바랍니다. 여러분 안에 있는 생명은 하늘을 날 수 있는 생명입니다."

그 순간 제 자신에게 질문했습니다. '나는 정말 독수리라고 믿는가?' 아니었습니다. 나는 그렇게 믿지 않았습니다. "설마 내가 독수리겠어?" 당시 제 생각에는 독수리 같아 보이는 목사님들이 계셨습니다. 한국 교회를 대표하던 조용기 목사님, 김선도 목사님, 옥한흠 목사님 같은 분들이었습니다. 그 분들에 비하면 농촌 미자립교회 전도사였던 저는 병아리 중 병아리였습니다.

그 때 강사님이 말했습니다. "여러분 중에 자신이 독수리임이 믿어지지 않는 사람이 있을 것입니다. 그렇다면 한 가지만 질문하겠습니다. 여러분 자신이 하나님의 자녀라는 것은 믿습니까?"

그 질문에 저뿐만 아니라 모두 다 큰 소리로 "아멘" 하였습니다. 제가 독수리 같은 목회자라고 믿어지지는 않았지만, 하나님을 아버지라고 부르는 데는 조금도 망설임이 없었습니다.

그때 강사님이 말했습니다. "하나님은 독수리 중 독수리이실 것입니다. 그런데 여러분이 하나님의 자녀라고 하면서 스스로를 병아리라고 생각한다면 여러분의 아버지이신 하나님은 무엇이란 말입니까? 하나님을 닭이라고 여기는 것입니까?"

강사님의 말씀이 제 마음에 엄청난 충격이 되었습니다. 제 믿음이 얼마나 모순덩어리인지 심각하게 깨달아진 것입니다. 강사님은 결론적으로 말씀하였습니다. "여러분은 독수리입니다. 여러분이 하나님의 자녀이기 때문입니다."

예수님이 전부라서 드린 충성

예수님을 믿는다는 것은 단순히 교리를 아는 것이 아니라, 내 안에 예수님이 살아 계신다는 것을 믿는 것입니다. 그 믿음은 나의 정체성을 바꿉니다.

마태복음 25장에 나오는 다섯 달란트 받은 종은 주인의 칭찬을 받습니다. "네가 적은 일에 충성하였으매 내가 많은 것을 네게 맡기리니 네 주인의 즐거움에 참여할지어다." 다섯 달란트 받은 종이 달란트를 많이 받아서 좋아서 충성했던 것이 아니었다는 것입니다.

그는 큰일을 맡아서 충성하는 것이 아니라, 작은 일을 맡겨도 충성하는 사람입니다. 그는 예수님이 전부이기에 오직 주님이 모든 것의 기준이며, 누구를 대하든 무슨 일을 하든 주께 하듯이 하는 사람인 것입니다. 그 사람에게 주님은 말씀하십니다. "네 주인의 즐거움에 참여할지어다."

예수님이 마음에 거하심을 정말 믿으면 누구나 다섯 달란트 받은 종처럼 충성하게 됩니다. 그는 진심으로 "예수님 한 분이면 충분합니다"라고 고백합니다. 주님은 그런 사람에게 엄청난 약속을 하셨습니다.

나를 믿는 자는 내가 하는 일을 그도 할 것이요 또한 그보다 큰 일도 하리니 이는 내가 아버지께로 감이라 요 14:12

예수님이 마음에 거하심을 믿는 사람을 통하여 주님이 역사하십니다. 사도 바울이 바로 그 증인입니다.

그리스도께서 이방인들을 순종하게 하기 위하여 나를 통하여 역사하신 것 외에는 내가 감히 말하지 아니하노라 그 일은 말과 행위로 롬 15:18

예수님을 모시고 사는 우리를 통해, 주님은 오늘도 가정에서, 교회에서, 일터에서 일하십니다. 하지만 안타깝게도 많은 그리스도인들이 다른 사람과 끊임없이 비교하며 자신은 적은 달란트를 받았다고 불평합니다. 한 달란트 받은 종의 문제는 받은 달란트가 적은 것이 아니었습니다. 받은 것을 적게 여긴 것이 문제였습니다. 그래서 감동이 없고 아무 일도 하지 않았습니다. 그는 다섯 달란트를 받았어도 그렇게 했을 것입니다. 항상 비교하며 불평하고 원망하고 불신이 가득한 사람이기 때문입니다.

다섯 달란트 받은 자나 한 달란트 받은 자가 따로 있는 것이 아닙니다. 우리 마음에 거하시는 예수님을 어떻게 믿느냐에 따라 예수님이 한 달란트도 되고 다섯 달란트도 됩니다.

어떤 사람에게는 만왕의 왕이신 주님이 마음에 거하신다는 말을 들어도 별 감동이 없습니다. 충격도 없습니다. 예수님이 마음에 거하시는 것을 적은 것으로 여기는 것입니다. 그가 한 달란트 받은 사람입니다. 이런 사람은 받은 복도 빼앗기게 됩니다.

그에게서 그 한 달란트를 빼앗아 열 달란트 가진 자에게 주라 무릇 있는 자는 받아 풍족하게 되고 없는 자는 그 있는 것까지 빼앗기리라 이 무익한 종을 바깥 어두운 데로 내쫓으라 거기서 슬피 울며 이를 갈리라 하니라 마 25:28-30

그는 다섯 달란트를 받았더라도 똑같이 행동했을 것입니다. 그의 문제는 받은 것이 적은 것이 아니었습니다. 예수님이 그 안에 거하신다는 사실을 진심으로 믿지도 않고, 그것을 귀하게 여기지도 않기 때문에 아무리 많은 것을 가져도 만족도 없고 기쁨도 없습니다. 주님을 모시고 살면서도 결국 세상 일, 자기 일만 하다가 주님 앞에 가게 되는 것입니다. 그러면서 주의 일을 하지 못하는 핑계는 끝도 없습니다. 그는 '한 달란트 의식'에 사로잡혀 있는 사람입니다.

작은 능력으로도 충분합니다

예수님께서 자신 안에 거하신다는 복음을 정말 믿는 사람을 통해 주님은 지금도 역사하십니다. 우리가 그것을 믿지 않으면, 주님은 아무 일도 하실 수 없습니다. 안타깝지만 이것이 지금 우리의 현실입니다.

성경은 우리 각 사람이 하나님의 특별한 섭리로 태어난 존재라고 말합니다. 사명도, 삶의 모양도 다 다릅니다. 그럼에도 우리는 서로를 비교하며 누가 더 큰지 판단하려 합니다. 그러나 예수님이 함께하신다는 사실 하나면, 어떤 삶의 자리도 귀하고 감사한 자리입니다.

로렌스 수사는 평범한 부엌일 속에서도 주님을 바라보며 살았습니다. 그는 감자 껍질을 깎으며, 하나님의 임재를 누리는 삶을 살았습니다. 우리가 할 일도 단 하나입니다. 우리에게 주어진 삶의 자리에서, 모든 일에 주께 하듯 충성하는 것이 다섯 달란트, 두 달란트 받은 종의 삶입니다. 작은 능력이어도 괜찮습니다.

요한계시록 3장에서 빌라델비아교회는 주님께 큰 칭찬을 받았습니다.

내가 네 행위를 아노니 네가 작은 능력을 가지고서도 내 말을 지키며 내 이름을 배반하지 아니하였도다 계 3:8

빌라델비아교회는 작은 능력밖에 없는 교회였습니다. 하지만 그들은 믿음으로 살았습니다. 주의 말씀을 지켰고, 주의 이름을 버리지 않았습니다. 이 말씀은 제게 큰 깨달음을 주었습니다. "작은 능력을 탓하지 마라!" 우리의 능력이 크냐 작으냐는 중요하지 않습니다. 중요한 것은 그 능력 안에 주님이 함께하시느냐입니다. 그분이 함께하시면 작은 능력으로도 충분합니다. 왜냐하면 심히 큰 능력은 하나님께 있기 때문입니다.

무능력 충만의 은혜

저는 설교에 대해 큰 열등감을 갖고 있었습니다. 말이 느리고, 억양이 사투리 같고, 말주변도 없었습니다. 노인들이나 좋아하는 설교라는 말을 들을 때마다 위축되었습니다. 그러나 어느 날 고린도전서 1장 말씀을 통해 제 마음이 완전히 치유되었습니다.

그러나 하나님께서 세상의 미련한 것들을 택하사 지혜 있는 자들
을 부끄럽게 하려 하시고… 없는 것들을 택하사 있는 것들을 폐
하려 하시나니 이는 아무 육체도 하나님 앞에서 자랑하지 못하게
하려 하심이라 고전 1:27-29

처음에는 이 말씀이 이해되지 않았습니다. 하지만 나중에 알게
되었습니다. 이 말씀은 '이해하는 말씀'이 아니라 '믿는 말씀'이었
습니다. 그 순간 저는 고백했습니다. "주님, 이 말씀을 믿겠습니
다." 그 고백을 하면서 고꾸라져 통곡했습니다. 하나님의 말씀을
그대로 믿는 것이 그렇게 엄청난 일인 줄 그때까지 몰랐습니다.
설교에 있어서 정말 나는 죽고 예수로 살게 된 것입니다.

그 후 설교가 자유로워졌습니다. 말을 잘하려고 하기보다, 주
님의 말씀을 정확히 전하려는 마음으로 바뀌었습니다. 말을 더듬
더라도, 말의 능력은 내가 아닌 말씀의 능력에서 오는 것임을 믿
게 되었습니다. 능력은 우리에게서 나오는 것이 아닙니다.

정말 예수님을 영접했다면 자신의 부족함 때문에 좌절할 이유
는 전혀 없습니다. 저는 유능한 사람이 아닙니다. 내세울 학력도
없고, 지성도 부족하고, 영어도 못하고, 언변도 없습니다. 그러나
단 하나, "나는 죽고 예수로 사는 삶" 그리고 "예수님이 내 안에

거하신다"는 이 사실 하나만 분명하게 압니다. 그것이 제가 지금 예수동행운동을 하는 이유입니다. 그것이면 충분합니다.

러시아의 김요단 선교사님도 이렇게 고백했습니다. "우리는 무능력으로 충만했습니다." '성령 충만'이란 말은 익숙했지만 '무능력 충만'이라는 고백은 처음 들었습니다. 그런데 그 고백이 제 마음을 깊이 울렸습니다. 맞습니다. 하나님은 때때로 무능력한 자를 택하셔서 그 안에 거하시고, 그분의 능력으로 일하십니다. 우리의 능력이 적은 것은 문제가 아닙니다. 우리 안에 계신 예수님께는 모든 일이 쉽습니다.

아주 작은 결단부터 충성하는 믿음

다니엘의 믿음은 세상을 거스르는 믿음이었습니다. 왕의 명령을 어기면 죽는 나라에서 살면서도 그는 오직 하나님만을 왕으로 섬겼습니다. 그 믿음은 어디서 왔을까요? 채소만 먹겠다는 아주 작은 결단에서부터 시작되었습니다. 신전에 바친 고기를 거절한 그 결단은 작은 것 같아 보였지만, 그 작은 믿음의 순종이 사자굴도 이기게 했던 믿음의 근원이었습니다.

우리 교회학교 어린이들 가운데도 그런 다니엘 같은 아이들이 있습니다. 어린이 말씀기도학교에서 한 아이가 이렇게 고백했습니다. "요즘 예수님과 참 친해요. 예수님께 받은 것이 너무 많아서 친구에게 전도했어요. 전에는 하나님이 진짜 계신가 했는데, 지금은 기도하면 다 들어주셔서 하나님이 없을 수가 없다고 생각해요." 기도하면 15분도 짧게 느껴진다는 고백을 들으며, 하나님의 임재는 나이와 환경을 가리지 않는다는 진리를 다시 확인하게 됩니다.

한 목사님께서 이렇게 말씀하신 적이 있습니다. "사람들이 하나님의 음성을 듣지 못하는 이유는, 처음부터 큰 것부터 들으려고 하기 때문입니다." 맞습니다. 우리가 먼저 해야 할 일은, 지금 이 순간 주님의 은혜를 깨닫게 해달라고 기도하고, 말씀 앞에 귀를 기울이며 순종하는 것입니다.

어떤 어려운 상황이 올지라도, 우리는 오직 이렇게 고백해야 합니다. "나는 주의 종입니다." 내가 원하는 일이 아니라, '어떻게 하면 예수님의 종으로 살 것인가', '어떻게 하면 예수님을 기쁘시게 해드릴 수 있을까'를 고민하는 삶이 믿음의 삶입니다. 그때 주님은 반드시 말씀하십니다.

잘하였도다 착하고 충성된 종아 네가 적은 일에 충성하였으매 내가 많은 것을 네게 맡기리니 네 주인의 즐거움에 참여할지어다 마 25:21

이것이 믿음으로 주님과 동행하는 삶입니다. 우리 안에 계신 예수님을 믿고, 오늘 주신 자리에서 충성하며, 그분의 즐거움에 참여하는 인생을 살아가시기 바랍니다.

물 위를 걷는 믿음

베드로가 예수님과 함께 지냈던 3년 중 가장 기억에 남는 사건은 아마도 물 위를 걷는 사건이었을 것입니다. 오병이어의 기적, 변화산 체험 등 놀라운 기적을 지켜봤겠지만, 직접 물 위를 걸었던 사건, 물에 빠졌을 때 자신에게 손을 내밀어주신 예수님의 눈과 손길은 평생 잊을 수 없을 것입니다.

저는 예전에 베드로에게 손 내밀어주시는 예수님의 모습을 포스터로 사용한 미국 뮤지컬을 보는 것만으로도 깊은 감동을 받은 적이 있습니다. 그렇다면 그 사건의 당사자가 받았던 감동은 감히 상상할 수 없을 것입니다.

이 사건은 단지 놀라운 기적을 경험했다는 추억거리만은 아니었을 것입니다. 베드로는 사도로서 초대 교회를 이끌며 수많은 어려움을 겪을 때, 물 위에서 손을 내밀어주신 예수님을 떠올렸을 것입니다. 그 기억이 어떤 두려움도 이길 믿음의 힘이 되었을 것입니다.

이런 믿음의 감각이 우리에게도 있어야 합니다. 어려움이 닥쳤을 때, 어떤 마음을 가져야 믿음인지, 어떻게 행동해야 믿음의 행동인지 분별할 수 있는 감각이 있어야 한다는 것입니다. 그래서 예수님과 동행하는 삶을 살아야 합니다.

제가 군목으로 임관하기 전 받았던 군사 훈련의 마지막 주간 일정이 유격 훈련이었습니다. 유격 훈련 중 외줄을 타고 큰 암벽에서 하강하는 코스가 있었습니다. 조교의 시범을 보니 할 수 있다는 생각이 들기는커녕 오히려 몸이 더 경직되었습니다. 도저히 할 수 없을 것 같았습니다.

그런데 공교롭게도 실제 하강하는 조를 나누다보니 제가 맨 앞이 되었습니다. 너무나 당황스럽고 두려웠지만 지체할 수 없었습니다. 그때 '그래, 불가능한 일이라면 시키지 않았겠지. 그냥 해보자'라는 마음으로 조교가 보여준 시범대로 자세를 취하였는데, 정신을 차리고 나니 이미 절벽 아래로 내려와 있었습니다. 그때 믿음으로 순종하는 삶이 무엇인지, 믿음의 감각이 무엇인지 눈이 뜨이는 것 같았습니다.

믿음은 행동이 증명한다

배가 뒤집힐 정도로 강한 바람이 부는 바다 위에서 예수님이 물 위를 걸어오시는 것을 본 베드로는 "정말 주님이시면 자신도 물 위를 걷게 해달라"고 말했습니다. 예수님께서 "오라"고 하셨을 때, 그는 그 부름에 순종하여 물 위로 내려섰습니다.

이것이 믿음입니다. 예수님이라면 자신도 물 위를 걷게 해주실 것이라고 믿어지니까 무모해 보일 수 있는 행동도 할 수 있었던 것입니다. 예수님을 향한 믿음이 없었다면 결코 배 밖으로 발을 내딛기 힘들었을 것입니다. 다른 제자들은 그저 베드로를 바라보기만 했습니다.

행동이 믿음을 증명합니다. 믿음은 사람을 움직이게 합니다. 그러므로 예수님을 믿는 사람의 삶과 행동은 세상 사람들과 다를 수밖에 없습니다. 세상 사람들은 우리가 아까운 시간을 교회에 가서 예배하는 데 쓰고, 피곤한데도 기도하러 나가는 것을 이해하지 못할 것입니다. 하지만 우리는 하나님을 믿고, 기도의 능력을 믿고, 주님이 함께 계신다는 사실을 믿기 때문에 그렇게 행동하는 것입니다.

지금 여러분은 예수님을 믿어서 어떤 행동을 하고 있습니까? 만약 예수님을 믿는다고 하면서 믿음에서 비롯된 행동이 없다면, 아직 예수님을 믿는 사람이 아닌 것입니다. 모세, 여호수아, 엘리야도 백성들에게 결단을 촉구했습니다. 생명과 사망, 복과 저주 사이에서 생명을 택하라고, 여호와를 섬길 것인지 바알을 섬길 것인지 선택하라고 말입니다.

내가 오늘 하늘과 땅을 불러 너희에게 증거를 삼노라 내가 생명과 사망과 복과 저주를 네 앞에 두었은즉 너와 네 자손이 살기 위하여 생명을 택하고 신 30:19

만일 여호와를 섬기는 것이 너희에게 좋지 않게 보이거든 너희 조상들이 강 저쪽에서 섬기던 신들이든지 또는 너희가 거주하는 땅에 있는 아모리 족속의 신들이든지 너희가 섬길 자를 오늘 택하라 오직 나와 내 집은 여호와를 섬기겠노라 하니 수 24:15

엘리야가 모든 백성에게 가까이 나아가 이르되 너희가 어느 때까지 둘 사이에서 머뭇머뭇 하려느냐 여호와가 만일 하나님이면 그를 따르고 바알이 만일 하나님이면 그를 따를지니라 하니 백성이 말 한마디도 대답하지 아니하는지라 왕상 18:21

무언가 바뀌어야 한다

데이비드 플랫의 《복음이 울다》(두란노)를 처음 읽었을 때 받은 감동은 지금도 잊을 수 없습니다. 당시 정말 바쁜 일정을 보내고 있었지만, 첫 페이지를 읽는 순간 멈출 수가 없었습니다. 바쁜 중에도 틈틈이 책을 펼쳐 읽었습니다.

그렇게 깊은 감동을 받았던 이유는 단지 책의 내용뿐만이 아니라, 저자인 데이비드 플랫 목사님의 삶의 태도와 결단 때문이었습니다. 이 책은 목사님이 히말라야를 트래킹하면서 쓴 일기 형식의 글입니다. 그래서 책을 읽고 있으면 목사님과 함께 트래킹을 하는 기분이 들었습니다.

그러나 내용은 정말 충격적입니다. 히말라야의 아름다운 풍경을 이야기하는 것이 아니라 네팔이라는 나라에서 일어나고 있는 끔찍한 현실을 이야기합니다. 인신매매, 가난, 질병의 현장을 마주한 기록입니다. 이 충격적인 현실 앞에서 목사님은 이들에게 복음이 무엇인지를 깊이 고민합니다. 하지만 그 고민은 이내 깊은 좌절로 이어집니다. 자신이 너무 무력하다고 느꼈기 때문입니다.

결국 '하나님은 지금 어디 계신가?' 하는 절규까지 터져 나옵니다. 그 순간 목사님은 더 이상 말로만 전하는 복음이 아니라, 실제로 행동하는 복음이어야 함을 절감하고 책 속에서 독자들에게 간절히 호소합니다. 아니, 흐느끼며 외칩니다. "무언가 바뀌어야 합니다." 트래킹을 마친 후, 그는 사역하던 교회를 사임하고 고통받는 자들을 위한 새로운 길을 걷기 시작합니다. 이 책의 원제목도 "Something Needs to Change"(무언가 바뀌어야 한다)입니다.

그의 결단을 보며 저는 큰 충격을 받았습니다. 주님을 바라보는 자라면 삶과 행동이 바뀌어야 합니다. 주님을 바라본다고 하면서 예전처럼 살아간다면, 그 믿음은 거짓입니다.

드러나지 않은 실패

믿음으로 행동하는 것은 결코 쉬운 일이 아닙니다. 위험하고 두려운 길일 수 있습니다. 베드로도 바다 위를 걷다가 물에 빠졌습니다. 물 위를 걷지 않았다면 빠지지도 않았을 것입니다. 그러나 베드로가 실패했다고 할 수는 없습니다. 진짜 실패자는 물 위를 걷는 것을 시도조차 하지 않았던 다른 제자들입니다.

그 실패는 드러나지도 않고 눈에 띄지도 않기 때문에 사람들이 실패로 여기지 않습니다. 그러나 믿음으로 행동하지 않는다면 실제로는 아무런 체험도 감격도 없는 삶을 살아가는 심각한 실패입니다. 우리가 믿음으로 순종하기 시작하면 물 위를 걷는 기적 같은 일도 경험하지만, 때로는 빠지는 일도 생깁니다. 그런 모습을 보며 어떤 이들은 "믿음으로 산다고 하더니 더 힘들어졌잖아!"라고 말하며 조롱합니다. 그러나 진짜 실패는 아예 믿음의 행동을 하지 않는 데 있습니다.

예수님을 믿고 동행하는데, 내 삶에 아무 일도 일어나지 않는다면 어떻게 된 일일까요? 예수님과 함께 사는 삶에서 아무런 도전도 감격도 없다면, 그것이야말로 비정상입니다. 아무런 체험도 감격도 없는 신앙생활처럼 답답하고 힘들고 괴로운 일은 없을 것입니다. 주님이 내 안에 계신데 아무런 일이 없는 것은 신앙의 위기입니다. 그래서 주님이 내 안에 안 계신 것은 아닌가 하는 의심이 들기 시작합니다. 이런 상태를 어떻게 견딜 수 있겠습니까?

이처럼 신앙생활이 침체된 이유는, 물 위를 걷는 믿음으로 살지 않았기 때문입니다. 가만히 배 안에 앉아만 있으면서 드러나지 않은 실패자의 삶을 살고 있는 것입니다.

이충석 목사님의 《전도에 인생을 걸라》(좋은씨앗)라는 책에 나오는 정수태 전도사님의 이야기도 그 믿음의 본을 보여줍니다. 강원도 깊은 산골에서 사역하던 그는 전도하기 위해 한 할머니를 찾아갔습니다. 그런데 그 할머니는 손자에게 소금을 뿌려서 전도사님을 내쫓으라고 할 정도로 적대적이었습니다. 그러나 전도사님은 포기하지 않았고, 6개월이 지나자 할머니는 대화를 허락하셨으며, 1년이 지나자 병상에 누워 있던 할머니는 그의 기도를 받게 되었습니다.

"예수님을 영접하고 싶으시면 제 손을 꼭 잡아주세요"라고 말했을 때, 놀랍게도 할머니는 기력이 거의 없는 상황에서도 그 손을 힘껏 잡으셨습니다. 그리고 며칠 후 주님 품에 안기셨습니다. 그뿐만 아니라 할머니의 자녀들까지 교회에 나오게 되었습니다. 만약 전도사님이 쉽게 포기했다면, 이런 구원의 역사는 없었을 것입니다. 믿음으로 나아간 자만이 이 은혜를 경험할 수 있습니다.

예수님의 생명이 나타나는 때

사도 바울은 고린도후서에서 이렇게 고백합니다.

우리 살아 있는 자가 항상 예수를 위하여 죽음에 넘겨짐은 예수
의 생명이 또한 우리 죽을 육체에 나타나게 하려 함이라 고후 4:11

우리가 죽어야 예수님의 생명이 나타납니다. "나는 죽었습니
다"라는 고백 없이 예수님의 살아 계심을 체험할 수는 없습니다.
우리가 죽었음을 믿을 때, 예수님의 능력이 드러납니다. 그러므로
주님이 우리에게 무언가 말씀하실 때, "저는 죽었습니다"라고 고
백하고 나아가는 것이 참된 순종입니다.

죽은 자는 변명하지 않습니다. "저는 못합니다", "저는 어렵습
니다"라는 말은 죽은 자에게서 나올 수 없습니다. 그냥 주님이 하
라 하시면 하는 것입니다. 믿음으로 산다는 것은 오직 예수님만
바라보는 것입니다. 예수님이 움직이시면 함께 움직이고, 말씀하
시면 즉시 순종하는 삶이 믿음으로 사는 삶입니다.

예수님께서 베드로에게 "오라" 하셨을 때, 그가 배 밖으로 나갈
수 있었던 이유는 예수님이 이미 배 밖, 물 위에 계셨기 때문입니
다. 베드로는 단순히 모험을 한 것이 아니었습니다. 주님을 바라
보았기에 가능했던 순종이었던 것입니다.

여러분도 매일, 하루를 살아가며 주님이 무엇을 말씀하셨는지,

어떤 감동을 주셨는지 기록해보십시오. 그렇게 하면 주님을 바라보는 일이 점점 익숙해질 것입니다. 그런데 이처럼 주님을 바라보는 것이 어렵다고 말하는 이들이 있습니다. 이유는 단순합니다. 그동안 예수님과 친밀함 없이 살았기 때문입니다.

누구에게나 처음은 어렵고 막연합니다. 베드로도 처음부터 물 위를 걷는 믿음을 가진 것은 아니었습니다. 예수님을 처음 만난 날, 그는 밤새 한 마리의 물고기도 잡지 못해 낙심에 빠져 있었습니다. 그런데 처음 본 예수님께서 "깊은 데로 가서 그물을 내리라"고 하셨을 때, 자신이 물고기 잡는 전문가인 어부인데도 그 말씀에 순종한 결과 엄청난 고기를 잡고, 예수님을 향한 눈이 열렸습니다. 그리고 예수님을 따르면서 예수님이 히시는 말씀을 듣고, 불가능을 현실로 바꾸는 놀라운 기적을 보며, 베드로의 믿음이 자라나 결국 물 위를 걷는 자가 된 것입니다.

주님을 바라보지 않는 삶은 비참하다

주님을 바라보기 시작하면 더 이상 내 멋대로 살 수 없습니다. 포기해야 할 것이 많아지고, 손해처럼 느껴지는 일들도 생깁니다. 그래서 어떤 이들은 주님을 바라보는 삶이 힘들다고 포기하기도 합니다. 그러나 진짜 비참한 삶은 주님을 바라보지 않는 삶입니다.

저의 삶이 그것을 증명합니다. 제가 선한목자교회에 처음 부임했을 때, 교회는 재정난을 비롯한 여러 위기 속에 있었습니다. 그런 교회를 담임하여 목회하기란, 정말 물 위를 걷는 것 같은 심정이었습니다. 그런데 주님은 "다른 교회에 재정을 나누라", "선교사를 도우라", "어려운 이들을 먹이라"고 하셨습니다. 도무지 이해되지 않는 명령이었지만, 저는 그 길을 걸었습니다.

그렇게 그 길을 걸어보니, 주님과의 친밀함이 놀랍도록 깊어졌음을 깨달았습니다. 주님은 물에 빠지지 않도록 저를 지켜주시고 인도해주셨습니다. 물 위를 걷는 모든 시간이, 주님과 친밀해지는 훈련이었고, 그로 인해 주님의 살아 계심을 더욱 분명히 체험하게 되었습니다.

예수님을 바라보는 삶은 불가능해 보이는 일을 감당하게 합니다. 이 놀라운 삶을 여러분도 경험하기 바랍니다. 예수님을 바라보지 않는 삶은 결국 공허하고 비참할 뿐입니다. 예수님은 지금도 여러분을 물 위로 부르고 계십니다.

순종의 걸음을 내딛어라

한 성도의 간증을 듣고 마음에 깊은 감동을 느꼈던 적이 있습니다. 그는 취직하려고 이력서를 쓰는데 종교란에 불교라고 썼다고 합니다. 자신은 무종교였지만 불교 신자가 유리한 직장이었기 때문에 일단 불교라고 쓰고 회사에 들어갔습니다. 그런데 그 직장에 들어간 후 예수님을 영접하게 되었습니다. 그저 교회만 다니는 정도가 아니라 뜨거운 영혼 구원의 열정으로 전도까지 하는 그리스도인이 되었습니다.

어느 날 상사가 "처음에 불교 신자라 써놓고 왜 전도하느냐"고 그에게 따졌습니다. 그때 해고를 각오하고 솔직히 고백했습니다. "처음에는 아무 종교도 없었는데, 취직 때문에 거짓말을 했습니다. 그러나 예수님을 믿게 되니 더 이상 그렇게 살 수 없었습니다. 이 귀한 예수님을 만났기에, 전하지 않고는 견딜 수 없었습니다." 그의 말을 들은 상사는 오히려 그 용기를 칭찬하며 믿음을 지키라고 격려해주었습니다.

이 성도가 이렇게까지 할 수 있었던 이유는 예수님으로부터 특별한 은혜를 받았기 때문입니다. 그에게 세 살 된 아기가 있었는데, 희귀암 4기 판정을 받게 되었습니다. 당시 기도할 줄 모르던 그는 그저 울 뿐이었습니다. 그러다가 주기도문이 생각나 주기도문을 외우며, 아이를 고쳐달라고 기도했습니다. 그때부터 기도가 좀 쉬워지기 시작했습니다.

그 후 주님의 간섭하심으로 치료의 길이 열리고, 그 병의 권위자인 의사도 만나고, 모두가 힘들 거라고 했지만 순조롭게 치료가 진행되었습니다. 아이는 항암 치료를 잘 받으며 점차 회복되었습니다. 처음에 그는 아이를 살려달라고 기도했지만, 하나님은 결국 하나님을 더욱 신뢰하는 기도로 그의 기도를 바꾸어주셨습니다. 그는 아이를 통해 살아 계신 주님을 만났고, 주님을 부끄러워하지 않는 삶으로 변화시켜주셨습니다.

이 성도의 직장은 태국 대사관이었습니다. 그는 불교인이 아니면 들어갈 수 없는 그곳에서 자신의 신앙을 공개 고백할 뿐 아니라 예수님을 전하고 있습니다. 주님을 바라보며 순종의 걸음을 내디뎠기에 가능한 일이었습니다.

매 순간 예수님만 바라보고 순종하라

여러분 중에 왜 내 삶에는 그런 놀라운 일이 없느냐고 생각하는 사람이 있을 것입니다. 정도의 차이는 있겠지만, 믿음의 도전을 해야 하는 일은 모든 그리스도인에게 일어납니다. 여러분이 진짜 예수님을 믿는다면 주님은 반드시 여러분을 인도하시고 순종의 걸음을 걷게 하십니다.

주님이 왜 나를 물 위를 걷는 것 같은 길로 인도하시는지 이해되지 않는다면, 주님께 물어보십시오. 그리고 걸어온 길을 돌아보십시오. 지금까지 물에 빠지지 않고 여기까지 올 수 있었던 이유는 오직 주님의 보호하심이었음을 깨달을 것입니다.

교회에 처음 나오는 그 첫걸음부터, 물 위를 걷는 믿음의 단계까지, 순종의 걸음을 멈추지 마십시오. 아무 믿음도 없었던 자가 어느 날 주님의 음성에 따라 물 위를 걷게 되는 그 날이 올 것입니다.

하지만 명심하십시오. 주님의 말씀에 귀를 기울여야 합니다. 아무 때나 무턱대고 물 위를 걷겠다고 뛰쳐나가서는 안 됩니다. 주님의 뜻이 분명할 때에만 물 위를 걷는 것입니다. 그럴 때 진정한 순종이 시작되고, 주님의 놀라운 역사를 경험하게 됩니다.

여러분의 삶 속에도 예수님의 은혜가 깊이 체험되고, 주님을 바라보는 눈이 뜨이며, 물 위를 걷는 믿음으로 일어서는 날이 속히 오기를 주님의 이름으로 축복합니다.

믿음의 결국은 영혼의 구원이다

아이들에게 "먹고 싶은 것이 생기면 누구를 찾니?"라고 물어보면, 한결같이 부모님을 찾는다고 말합니다. 왜일까요? 부모님이 반드시 먹고 싶은 것을 사줄 것이라는 확신이 있기 때문입니다. 아이들에게는 설명이 필요 없습니다. 자연스럽고 본능적으로 믿습니다. 단순하고 온전한 신뢰입니다.

하지만 나이가 들수록 상황은 달라집니다. 점점 사람들에게 상처받고, 믿었던 이들에게 배신당하면서 마음속에는 의심과 두려움이 쌓여 갑니다. 그래서 어른이 된 우리는 믿음을 갖는 것이 오히려 어려운 일이 되었습니다. 쉽게 의심하고, 믿음을 가져도 오래가지 못합니다. 끝까지 믿음을 지킨다는 것이 얼마나 힘든 일인지 잘 알고 있습니다.

하나님께서 인간을 창조하셨을 때, 우리 안에는 아이와 같은 순전한 믿음이 있었습니다. 예수님을 믿게 되면 그 믿음을 회복하게 됩니다. 그러나 그 길은 결코 간단하지 않습니다. 하나님을 믿지 않는 상태에서 살았기에 영적으로 황폐하고 굳어져 좀처럼 올바른 믿음으로 반응하기 힘들어하는 것입니다.

그것은 믿음으로 산다는 것이 힘든 것이 아닙니다. 그 믿음을 회복하는 과정이 힘들다는 것입니다. 그러나 예수님 안에서는 반드시 회복할 수 있습니다. 하나님도 우리 각자가 그 믿음을 회복하기를 간절히 바라십니다. 왜냐하면 그 믿음이 결국 '영혼의 구원'과 직결되기 때문입니다.

믿음을 회복하는 일은 해도 되고 안 해도 되는 선택의 문제가 아닙니다. 그것은 곧 생명의 문제이며, 영원한 운명이 걸린 문제입니다.

믿음의 결국 곧 영혼의 구원을 받음이라 벧전 1:9

믿음만이 마지막 때 우리를 지켜준다

말세가 되면 오직 믿음만이 우리를 지켜줄 수 있습니다.

너희는 말세에 나타내기로 예비하신 구원을 얻기 위하여 믿음으

로 말미암아 하나님의 능력으로 보호하심을 받았느니라 벧전 1:5

말씀을 보면 "예비하신 구원"이라고 되어 있습니다. 구원은 이미 예수 그리스도의 십자가를 통해 완성되어 우리에게 주어졌습니다. 그러나 모든 사람이 그 구원을 받는 것은 아닙니다. 믿음이 없이는 하나님이 예비하신 구원을 받을 수 없습니다.

여러분은 그 믿음을 가지고 계십니까? 말세의 때에 하나님의 능력으로 보호받을 수 있는 믿음이 여러분 안에 있습니까? 하나님이 이미 주신 구원을 온전히 누릴 수 있는 믿음이 있습니까? 핍박과 환난 앞에서도 흔들리지 않고 주님을 붙들 수 있는 믿음이 있습니까?

어떤 그리스도인은 이 질문 앞에 두려움을 느낄 수 있습니다. 구원에 대한 확신이 없기 때문입니다. 그때 가보아야 알 수 있을 것 같다는 애매한 말을 합니다. 그러나 이 질문이 전혀 두렵지 않은 그리스도인도 있습니다. 믿을 근거가 너무나 분명하기 때문입니다.

어떤 사람이 말세에도, 주님이 재림하실 때에도 자신이 구원받을 것이라 확신할 수 있습니까? 바로 예수님이 마음에 거하심을 분명히 아는 사람입니다. 재림하실 주님이 영으로 자신 안에 거하시는데 말세라고 해서, 주님이 재림하신다고 해서 두려워하거나 마음이 흔들릴 일이 있겠습니까?

이 믿음이 있는 그리스도인은 어떤 상황에서도 끝까지 이겨낼 수 있습니다. 하나님이 살아 계시고, 예수님이 우리의 구주이시며, 성령님이 우리 안에 계시고, 하나님의 나라가 반드시 임할 것이라는 사실이 믿어지는 사람, 그 사람이야말로 어떤 고난과 시험 앞에서도 굳건히 설 수 있습니다. 겉으로 교회를 다니는 것, 세례를 받은 것이 중요한 것이 아닙니다. 오직 믿음으로 구원을 받을 수 있습니다.

핍박의 때 오히려 기뻐하는 자

초대 교회 성도들은 시험과 핍박 앞에서 오히려 기뻐했습니다.

그러므로 너희가 이제 여러 가지 시험으로 말미암아 잠깐 근심하게 되지 않을 수 없으나 오히려 크게 기뻐하는도다 벧전 1:6

왜 기뻐할 수 있었을까요? 예수님이 함께하신다는 사실이 믿어지는 것만으로도 기쁨은 충분했을 것입니다. 세상 그 어떤 고난보다도 예수님이 함께 계신다는 사실이 더욱 크고 엄청난 일이기 때문입니다. 이 믿음이 귀하고 복된 것입니다. 그리고 고난을 통해 자신의 믿음이 진짜라는 것이 확증되었으니 이 또한 기쁨이 넘쳤을 것입니다. 이런 믿음이 있어야 우리의 영혼을 지켜낼 수 있습니다.

믿음이란 겉으로 보기에 대단해 보이지 않을 수 있습니다. 그러나 하나님을 믿고, 내 안에 계신 예수님을 믿고, 하나님의 나라가 있음을 믿는 사람을 통해 비로소 하나님의 역사가 일어나는 것입니다. 그러니 대단한 것이 아니겠습니까? 믿음을 가진 자에게만 주어지는 하늘의 기쁨, 하늘의 보호, 하늘의 칭찬과 영광과 존귀가 있습니다.

그런데 예수님께서 이렇게 말씀하신 적이 있습니다.

인자가 올 때에 세상에서 믿음을 보겠느냐 하시니라 눅 18:8

이 말씀이 참으로 우리를 애통하게 합니다. 주님이 재림해 오실 때, 이 세상에 믿음을 지키는 사람이 드물 것이라는 말씀입니다. 그러므로 예수 그리스도와 동행하는 믿음을 끝까지 붙드시기 바랍니다. 그 믿음을 지켜냄으로써 영혼을 지켜내시기를 간절히 소망합니다.

믿음은 한 번 가지는 것으로 끝이 아니다

믿음은 한 번 가지는 것으로 끝이 아닙니다. 믿음은 현재 진행형입니다. 믿음은 날마다 새로워지고 더 성숙해지고 강해집니다. 물론 약해지고 변질되기도 하고 사라지기도 합니다. 그래서 같은 하나님을 믿어도 믿음은 사람마다 다릅니다. 믿음은 삶과 동떨어진 별개의 것이 아닙니다. 반드시 삶으로 드러납니다. 그래서 그리스도인들마다 삶이 다르고 교회마다 분위기가 다른 것입니다. 믿음이 삶 속에서 자연스럽게 드러나는 것입니다.

영원한 하나님나라를 믿는 사람은 이 땅에서 잘살기 위한 목적을 버리게 됩니다. 하나님나라의 백성임을 믿기에 세상에서는 때로 수모를 당하고, 고난을 감수하며 살아갑니다. 그러나 흔들리지 않습니다. 초대 교회 성도들이 바로 그 믿음으로 로마 제국의 박해 속에서도 담대하게 살았습니다. 우리도 그 믿음으로 이 세상을 살아가야 합니다.

믿음은 우리의 삶을 근본적으로 변화시킵니다. 그러나 한 번의 믿음만으로 끝까지 모든 상황을 믿음으로 살아갈 수는 없습니다. 매일 주님을 바라보며, 그분의 말씀을 붙들고 하루하루를 사는 것이 믿음입니다.

예수님을 보지 못하면 변하지 않는다

믿음은 결코 혼자만의 일이 아닙니다. 조용히 혼자 믿음을 간직할 수 없습니다. 믿음은 반드시 주변 사람들에게 영향을 끼치게 되어 있습니다. 그러므로 내 속의 믿음을 누가 알겠느냐 생각하며 건성건성 믿어서는 안 됩니다. 내가 드러내는 믿음이 가족에게,

자녀에게, 동료에게 어떤 영향을 주는지 늘 생각해야 합니다.

팀 켈러 목사님이 뉴욕에서 목회할 때, 많은 한인 2세들이 리디 머교회로 몰려왔습니다. 어느 한국 목사님이 왜 한인 2세들이 한 인교회가 아니라 목사님의 교회로 가는지 그 이유를 물었을 때 팀 켈러 목사님이 이렇게 답했다고 합니다. "한인교회들이 탕자의 비 유에 나오는 큰아들처럼 율법적으로 변해버려 한인들이 오지 않 는 것입니다."

드러난 삶의 결과가 우리가 가진 믿음이 어떤 믿음인지를 그대 로 보여주는 것입니다. 우리는 우리의 믿음을 언제나 점검해야 합 니다. 혹시 바리새인처럼, 율법적이고 차가운 믿음으로 다음 세대 를 멀어지게 하고 있지는 않습니까? 혹시 사랑이 메말라버린 교회 를 만들고 있지는 않습니까? 진심으로 돌아봐야 할 때입니다.

필리핀에서 열린 코스타 집회에서 있었던 일입니다. 폐회예배 때, 필리핀에서 목회하는 한 목사님의 아들이 간증을 했습니다. 그는 목사의 아들인데도 교회에 나오지 않았습니다. 목사님과 사 모님은 그 아들이 이번 코스타에 참석했으면 하는 마음이 가득했 지만 강요하지 못하고 기도만 하였는데, 등록 마지막 시간에 코 스타에 참석하겠다고 해서 온 것이라고 했습니다.

그 아들이 이렇게 고백했습니다. "지난 6개월 동안 교회에 안 갔다. 놀고 먹고 마셨다. 내가 진짜고 교회 다니는 아이들이 다 가짜라고 생각했다. 그런데 죄에 취해 내가 교만했다는 것을 깨달았다. 그리고 예배드려야겠다고 생각을 바꾸었다. 하지만 나를 변화시킨 것은 아버지가 아니다. 나를 상담해주신 목사님 때문이다. 아버지도 늘 예배드려야 한다고 했지만, 그 목사님은 내 아버지도 아닌데 똑같이 말씀해주셔서 진심이 느껴졌다."

우리 자녀들은 말로 바뀌지 않습니다. 아무리 좋은 말을 해도 삶에서 예수님을 보지 못하면 감동이 없습니다. 그러나 진짜 예수님과 동행하는 삶을 보면, 그 믿음은 반드시 전해집니다. 보여주는 믿음이 말보다 강력한 메시지입니다.

지금 당신의 믿음은 진짜인가?

기쁠 때 찬양하는 것도 믿음입니다. 그러나 진짜 믿음은 어려울 때, 고통 중에도 찬양하는 것입니다.

이스라엘의 찬송 중에 계시는 주여 주는 거룩하시니이다 시 22:3

하나님은 찬송하는 자 가운데 거하십니다. 진정 하나님이 필요한 순간은 기쁠 때가 아니라, 인생에서 가장 어두울 때입니다. 그래서 힘든 순간일수록 믿음으로 하나님 앞에 나아가 찬양해야 합니다.

우리는 2015년 메르스 사태를 겪었고 2020년부터 2022년까지 코로나 사태도 겪었습니다. 당시 마음이 무척 무거웠습니다. 여러 가지 어려운 일이 겹쳐 일어나는 뉴스를 볼 때마다 낙심과 불안이 밀려왔습니다. 기도도, 찬양도, 기쁨도 없던 어느 날, 일기를 쓰다가 제가 영적으로 얼마나 무기력해졌는지 깨닫게 되었습니다. 그때 주님이 주신 말씀이 있었습니다.

내가 이것을 너희에게 이름은 내 기쁨이 너희 안에 있어 너희 기쁨을 충만하게 하려 함이라 요 15:11

기쁨은 환경에서 오는 것이 아닙니다. 기쁨은 오직 예수님으로부터 옵니다. 제가 뉴스와 상황에만 집중하면 반드시 두려움과 염려, 무기력에 사로잡힙니다. 전에는 그것이 어쩔 수 없는 일이라 생각하였지만, 주님을 바라보지 못하기에 겪는 일임을 알았습니다. 그리고 주님만이 진짜 기쁨의 근원이심을 다시 배웠습니다. 물론 주님을 바라보며 살아가도 우리의 마음이 흔들릴 수 있습니다. 그런 순간에 어떻게 매일 기쁨으로 살 수 있겠습니까? 그럴 때는 두 가지를 점검해야 합니다.

첫째, '내가 지금 옳은 방향으로 가고 있는가?'입니다. 다른 길을 가고 있다면 즉시 돌이켜야 할 것입니다. 옳은 방향으로 가고 있는지 확인하는 기준은 '예수님을 계속 바라보고 있는가'입니다. 그렇다면 옳은 길 위에 있는 것입니다. 그러면 기뻐해도 되는 것입니다.

둘째, '내 마음에 찬양이 있는가?'입니다. 믿음은 찬양을 통해 확인됩니다. 찬양할 수 있다면 지금 잘 가고 있는 것입니다. 기뻐해도 되는 것입니다.

이것이 제가 믿음을 지키는 방식입니다. 주님과 동행하려면 믿음이 있어야 합니다. 믿음이 있어야 주님이 원하시는 길로 갈 수 있습니다. 믿음이 없으면 아무리 좋은 뜻이 있어도 주님의 인도하심을 따라갈 수 없습니다. 그 믿음은 주님을 바라보는 것입니다.

믿음을 갖게 될 때까지 설교하라

아무리 기도해도 믿음이 생기지 않는다고 말하는 분들이 있습니다. 하지만 성도라면, 아무리 평안이 없어 보여도 겨자씨만한 믿음은 반드시 가지고 있습니다. 예배의 자리에 나오는 것 자체가 믿음의 증거입니다.

그 믿음이 얼마나 귀한지 모릅니다. 자신은 스스로 믿음이 없다고 탄식하지만 그 믿음조차 부러워하는 사람들이 있습니다. 물론 환난과 시험 앞에서 기뻐할 수 있는 큰 믿음은 없을 수 있습니다. 그러나 고통 속에서 하나님께 간구하는 것 역시 믿음에서 나온 것입니다. 그 작은 믿음에서 다시 시작하면 됩니다.

예수님을 믿고 구원받은 성도라면 보이지 않아도 믿음이 반드시 있습니다. 그리고 그 작은 믿음으로 하나님께 나아가면, 하나님은 우리 마음에 담대함과 감사의 은혜를 부어주십니다.

위대한 복음 전도자 존 웨슬리도 자신에게 믿음이 없다고 낙심하였던 시기가 있었습니다. 1738년 3월 15일, 그는 일기장에 이렇게 적었습니다.

"갑자기 내 마음에 떠오른 것이 있었다. 그것은 설교를 그만두어야겠다는 것이었다. 믿음을 가지지 못한 자가 어떻게 남에게 믿음에 관한 설교를 할 수가 있단 말인가? 그래서 설교를 그만두어야 할 것인가 말 것인가에 대해 베라에게 어떻게 생각하느냐고 물었다. 그러자 그는 절대로 설교 사역을 그만두어서는 안 된다고 대답하였다. 그래서 나는 믿음이 없는 내가 어떻게 믿음에 대해 설교할 수 있겠느냐며 설교를 계속해야 한다면 무엇에 대한 설교를 해야 좋겠느냐고 물었다. 그랬더니 이렇게 대답했다. '믿음을 갖게 되기까지 성경에 나오는 믿음에 대해 설교하세요. 그리고 하나님이 믿음을 주셔서 믿음을 갖게 되거든, 그 믿음으로 믿음에 대해 설교하세요.'"

존 웨슬리는 베라의 조언을 하나님께서 자신에게 주신 말씀으로 받아들이고 더욱 열심히 믿음에 대해 설교했고, 그로부터 두 달 후 성령을 체험하는 은혜를 누리게 되었습니다.

그러므로 지금 믿음이 없다고 느끼는 분이 있다면, 기억하십시오. 당신 안에는 겨자씨만한 믿음이 있습니다. 그 믿음으로 나아갈 때, 마음에 기쁨이 회복되고 늘 감사하며, 두려움은 사라지고, 고난조차도 축복으로 받아들여지고, 하나님의 나라가 분명히 믿어지는 믿음의 기적이 일어날 것입니다.

기도와 말씀으로 믿음은 자란다

믿음은 고요한 평안 속에서만 자라지 않습니다. 두렵고 막막한 밤을 눈물로 지새우는 시간 속에서 믿음은 오히려 자라납니다. 처음에는 믿음이 약하여 크고 작은 시험 앞에서 흔들립니다. 하지만 그 가운데서도 주님을 붙잡고 믿음으로 살아가려 애쓸 때, 우리의 믿음은 점점 자라나고 강해져 결국 시련 앞에서도 흔들리지 않는 믿음이 됩니다.

너희 믿음의 확실함은 불로 연단하여도 없어질 금보다 더 귀하여 예수 그리스도께서 나타나실 때에 칭찬과 영광과 존귀를 얻게 할 것이니라 벧전 1:7

초대 교회의 성도들이 가졌던 강한 믿음은 결코 하루아침에 생긴 것이 아닙니다. 정금이 연단을 거쳐 순수하게 되듯, 그들의 믿음도 고난을 통해 단련되었습니다. 지금 우리가 겪고 있는 수많은 어려움도 결국 우리를 순전한 믿음으로 빚으시는 하나님의 손

길입니다.

그 과정 속에서 반드시 필요한 것은 기도와 말씀입니다. 요셉도 노예가 되고 죄수의 삶을 살았지만, 그 시간 동안 하나님의 말씀이 그의 믿음을 연단했습니다.

그의 발은 차꼬를 차고 그의 몸은 쇠사슬에 매였으니 시 105:18

하나님은 지금도 말씀과 기도로 우리를 훈련하고 계십니다. 이 사실을 기억하면, 어떤 연단도 좌절이 아닌 기쁨의 과정이 될 수 있습니다.

흔들렸기 때문에 더 강해진 믿음

한국 전쟁 때 북한에서 피난 온 사람들은 대체로 생활력이 강하다고 합니다. 예수님을 잘 믿어보고자 하는 소원 하나로 모든 것을 잃어보았고, 삶의 기반이 무너진 일도 겪어보았기 때문입니다. 그러고 나니 더 이상 두려움이 없어졌습니다. 예수님만 붙잡으면 터가 무너져도 다시 일어날 수 있음을 알았기 때문입니다.

우리가 예수님을 믿으려면 이런 믿음을 가져야 합니다. 여러분의 삶이 흔들리고 있다면, 두려워하지 마십시오. 결코 고난으로 끝나지 않습니다. 여러분이 겪는 어떤 어려움보다 더 크신 주님이 함께 계십니다.

그러므로 지금 주님과 동행하는 삶을 훈련해야 합니다. 예수님의 마음을 품고 보면 어떤 문제도 더 이상 문제가 되지 않습니다. 우리는 눈에 보이는 것, 귀에 들리는 것에 의존해 살지 않습니다. 보지 못하나 믿고, 듣지 못하나 신뢰하는, 주님과 친밀히 동행하며 사는 사람입니다. 여러분에게 그 믿음의 증거가 반드시 있어야 합니다.

예수를 너희가 보지 못하였으나 사랑하는도다 이제도 보지 못하나 믿고 말할 수 없는 영광스러운 즐거움으로 기뻐하니 믿음의 결국 곧 영혼의 구원을 받음이라 벧전 1:8-9

이 말씀이 삶 속에서 실제가 되기를 축복합니다. 이것이 바로 영혼을 구원하는 믿음입니다. 마지막 환란의 때에도 영혼을 지키고 구원하는 믿음, 끝까지 주님을 바라보게 하는 믿음입니다. 오늘도 이 믿음으로 살아가십시오. 그리고 날마다 믿음의 눈이 열리기를 축복합니다.

더 깊은 은혜의 자리로 들어가라

사도행전에 등장하는 아볼로는 오늘날에는 사도 바울에 비해 덜 알려져 있지만, 초대 교회 당시에는 바울 못지않게 영향력 있는 인물이었습니다. 고린도교회 안에도 '아볼로파'가 있을 정도로 그는 그 시대 신자들에게 매우 존경받는 지도자였습니다.

아볼로는 이집트의 알렉산드리아 출신으로, 당시 학문과 문화가 가장 발달한 도시에서 자라났습니다. 그는 성경에 능통하고 언변이 뛰어났습니다. 반면 사도 바울은 말이 시원하지 않다는 평가를 받았습니다.

그들의 말이 그의 편지들은 무게가 있고 힘이 있으나 그가 몸으로 대할 때는 약하고 그 말도 시원하지 않다 하니 고후 10:10

이처럼 모든 면에서 대단하다고 평가받는 아볼로도 처음에는 복음을 정확히 알지는 못했습니다.

그가 일찍이 주의 도를 배워 열심으로 예수에 관한 것을 자세히 말하며 가르치나 요한의 세례만 알 따름이라 행 18:25

여기서 말하는 "요한의 세례"란 세례 요한이 전한 회개의 메시지, 죄를 회개하고 삶을 돌이키는 세례를 말합니다. 예수님의 십자가의 은혜로 모든 죄가 용서받는다는 회개와 속죄의 복음은 매우 중요합니다. 그러나 복음은 속죄에서 머물지 않고 성령의 역사와 예수님과 동행하는 삶으로 이어집니다. 이 볼로는 열정적으로 예수에 대해 설교했지만, 여전히 요한의 세례 수준에 머물러 있었던 것입니다. 그러던 중 브리스길라와 아굴라가 에베소에서 아볼라의 설교를 듣고 그를 따로 데려다가 하나님의 도를 더 정확하게 가르쳤습니다.

브리스길라와 아굴라가 듣고 데려다가 하나님의 도를 더 정확하게 풀어 이르더라 행 18:26

성경은 그들이 구체적으로 무엇을 가르쳤는지 말하지 않지만, 바로 그다음 장인 사도행전 19장에서 바울이 에베소에서 만난 제

자들과의 대화를 통해 짐작할 수 있습니다.

> 이르되 너희가 믿을 때에 성령을 받았느냐 이르되 아니라 우리는 성령이 계심도 듣지 못하였노라 바울이 이르되 그러면 너희가 무슨 세례를 받았느냐 대답하되 요한의 세례니라 행 19:2-3

이 구절들을 종합해보면, 아볼로는 십자가의 복음은 알고 있었지만, 성령의 역사에 대해서는 알지 못했고, 브리스길라와 아굴라의 가르침을 통해 온전한 복음의 눈이 열렸던 것입니다.

예수님과 친밀히 동행하는 복음

오늘날에도 예수님을 믿는 많은 그리스도인들이 온전한 복음을 알지 못합니다. 속죄와 구원에 대한 믿음은 있지만, 그 이후의 삶에 대해서는 막연하게 생각합니다. 예수님을 믿는다는 것이 단지 죄 사함을 받고 나중에 심판을 피하는 것이라 여긴다면, 복음의 절반만 알고 있는 것입니다.

많은 그리스도인이 예수님을 2천 년 전 역사 속 인물로 또는 언젠가 재림하실 주님으로만 알고 있지만, 진정한 복음은 지금, 현재 내 안에 살아 계시는 예수님을 아는 것입니다. 성령은 우리가 단지 속죄를 믿게 하시려고 오신 것이 아닙니다. 성령께서 우리에게 알게 하시려는 것의 핵심은 매일 주님과 친밀히 동행하는 관계로 살아가야 한다는 것, 그리고 우리가 그런 은혜를 받았다는 사실입니다. 이것이 성령의 은사나 능력보다 훨씬 중요합니다.

볼지어다 내가 문 밖에 서서 두드리노니 누구든지 내 음성을 듣고 문을 열면 내가 그에게로 들어가 그와 더불어 먹고 그는 나와 더불어 먹으리라 계 3:20

예수님은 오늘도 우리 마음의 문을 두드리고 계십니다. 성령께서 하시는 일은 바로 이 예수님을 알게 하시고, 매일 주님과 친밀히 동행하는 삶으로 우리를 이끄시는 것입니다. 그러면 우리의 신앙생활은 완전히 달라집니다.

예수님이 나와 함께 계시고 나와 동행하시는 것을 알고 나면 성령의 은사와 능력은 뒤따라오는 선물인 것입니다. 핵심은 주님과의 동행입니다. 이제는 단지 "예수님을 믿습니다"에서 멈추지 않고, 예수님과 매일 동행하는 자리로 나아가야 할 때입니다. 아볼로가 복음의 깊이를 알게 되었던 것처럼, 우리도 성령의 조명 아래 더 깊은 은혜의 자리로 들어가야 합니다.

여러분에게 묻습니다. 예수님이 오늘, 지금, 내 안에 거하신다는 것을 믿고 계십니까? 주님은 여러분과 함께 걸으며, 오늘도 친히 말씀하시고 인도하고 계십니다. 그 은혜의 자리에 더 깊이 들어가십시오. 그곳에 참된 기쁨과 능력, 그리고 주님의 임재가 있습니다. 그리고 그곳이야말로 영혼의 참된 안식처, 온전한 복음이 실제가 되는 자리입니다.

속죄의 믿음에서 머물지 마라

"세상에서 제일 좋은 것은 하나님이 우리와 함께 계시는 것이다." 이것은 웨슬리 목사님이 임종 직전 남긴 마지막 말입니다. 그분이 사역하던 당시, 영국의 많은 사람들이 예수님을 믿는다고 말했습니다. 하지만 예수님이 지금 내 안에 계신다는 사실을 믿는 사람은 거의 없었습니다. 웨슬리 목사님 자신도 처음에는 그들과 다르지 않았습니다. 그러나 올더스게이트에서 성령의 강력한 체험을 하며 그 믿음의 눈이 열렸고, 이후로는 생명을 걸고 그 사실을 전했습니다.

브리스길라와 아굴라도 아볼로에게 똑같은 복음을 전했습니다. 예수님의 십자가의 복음은 단지 죄 사함에서 끝나는 것이 아니라, 우리 안에 오신 예수님과 동행하는 삶이라는 것을 알게 한 것입니다. 이 사실을 알고 난 후, 아볼로의 사역에 놀라운 변화가 일어났습니다.

이는 성경으로써 예수는 그리스도라고 증언하여 공중 앞에서 힘

있게 유대인의 말을 이김이러라 행 18:28

초대 교회 성도들이 박해와 핍박 속에서도 능력을 나타낼 수 있었던 이유는 예수님과 실제로 동행했기 때문입니다. 이 동행의 믿음이 오늘 우리에게도 반드시 필요합니다. 속죄의 믿음에 머물러 있어서는 안 됩니다. 그 믿음은 출발점일 뿐입니다.

내가 어렸을 때에는 말하는 것이 어린 아이와 같고 깨닫는 것이 어린 아이와 같고 생각하는 것이 어린 아이와 같다가 장성한 사람이 되어서는 어린 아이의 일을 버렸노라 고전 13:11

예수님이 지금 나와 함께 계신다는 사실을 마치 처음 듣는 것처럼 신기해하는 분들이 있습니다. 그럴 때마다 마음이 안타깝습니다. 믿음은 한 번의 결단으로 끝나는 것이 아니라 날마다 새롭고 계속 자라나야 합니다. 속죄의 믿음에서 시작했다면, 이제는 예수님과 동행하는 믿음의 단계로 반드시 자라가야 합니다. 예수님과 함께 죽고, 이제는 그분과 함께 살아가는 삶을 시작해야 합니다.

그리스도의 도의 초보를 버려라

어린아이의 믿음과 장성한 자의 믿음은 말씀을 받아들이는 태도에서 분명한 차이가 납니다. 같은 교회를 다녀도 믿음의 수준은 다 다릅니다.

이는 젖을 먹는 자마다 어린 아이니 의의 말씀을 경험하지 못한 자요 단단한 음식은 장성한 자의 것이니 그들은 지각을 사용함으로 연단을 받아 선악을 분별하는 자들이니라 히 5:13-14

믿음은 나이와 신앙 연수로 결정되지 않습니다. 어린아이 같은 믿음에 머물러 있으면서도 교회 안에서는 장성한 척할 수 있습니다. 그러나 속을 들여다보면 젖병 없이는 아무것도 못 먹는 믿음의 상태인 경우가 많습니다. 한번 상상해보십시오. 성도들이 다 함께 식사 자리에 앉았는데, 장로님이 가방에서 젖병을 꺼내신다면 얼마나 민망하고 부끄럽겠습니까?
그런데 영적으로 그런 모습이 우리 안에 너무나 많습니다. 교회에 오래 다녔지만, 말씀을 묵상하거나 하나님의 뜻을 분별하는 일에는 여전히 서툴고, 말씀 앞에서 "아멘" 하기보다는 회피하거나 피상적으로만 받아들이는 사람들이 많습니다.
믿음의 수준을 점검해볼 수 있는 말씀이 있습니다.

그리스도를 위하여 너희에게 은혜를 주신 것은 다만 그를 믿을 뿐 아니라 또한 그를 위하여 고난도 받게 하려 하심이라 빌 1:29

이 말씀 앞에 기쁨으로 "아멘!" 할 수 있어야 장성한 믿음의 사람입니다. 이 말씀을 피하거나 외면한다면, 여전히 어린아이 믿음의 사람입니다.

그러므로 우리가 그리스도의 도의 초보를 버리고 죽은 행실을 회개함과 하나님께 대한 신앙과 세례들과 안수와 죽은 자의 부활과 영원한 심판에 관한 교훈의 터를 다시 닦지 말고 완전한 데로 나아갈지니라 히 6:1-2

예수님을 믿은 후에 죄사함을 받고, 세례받고, 안수받고, 능력받고, 죽은 다음 영생을 얻는 정도에 머무는 사람이 많습니다. 예수님에 대해 아는 것이 그 정도인 것입니다. 주님과 동행하는 것에 대해서 모릅니다. 들어는 보았어도 실제 그렇게 살지 못합니다. 하지만 진짜 믿음은 그 이후입니다. 예수님과 친밀히 동행하며, 그분의 통치를 받는 삶으로 나아가야 합니다.

요한계시록에서 사도 요한은 부활하신 예수님을 뵙고 죽은 자처럼 엎드립니다. 그분의 거룩과 영광을 도저히 감당할 수 없었기 때문입니다. 주님과 동행하는 사람의 특징은, 자신의 부족함과 죄악을 뼛속 깊이 깨닫는 것입니다. 겉으로는 멀쩡해 보여도 속은 얼마나 형편없는지를 알게 됩니다. 그래서 남을 쉽게 판단하거나 정죄할 수 없습니다. 자신이 얼마나 큰 은혜를 입었는지 아는 사람만이 그렇게 살아갈 수 있습니다.

이제는 속죄의 복음을 넘어, 예수님과 함께 살아가는 삶으로 나아가야 할 때입니다. 믿음이 자라야 합니다. 더 이상 젖병을 물고 있지 말고 단단한 음식도 먹을 수 있어야 합니다.

예수님과 동행하는 사람

예수님을 믿는다고 말하면서도 주님과 동행하지 않는 사람은 삶에 염려와 근심이 가득합니다. 두려움과 걱정이 끊이지 않습니다. 하지만 주님의 임재를 깨닫고, 그분과 동행하는 자는 어떤 상황에서도 행복하다고 고백합니다. 세상 사람들은 이해할 수 없어도, 그는 기쁨 가운데 살아갑니다. 왜냐하면 주님과 함께 있기 때문입니다.

주님과 동행하지 않는 사람에게는 고난이 축복이라는 사실이 결코 이해되지 않습니다. 그러나 주님과 동행하는 사람은 고난 속에서도 은혜를 보고, 감사를 배우며, 그 안에서 주님을 경험합니다.

많은 성도들이 예수를 믿는다고 하면서도 은밀한 죄 속에 살아갑니다. 사람들 앞에서는 죄를 삼가지만, 은밀한 자리에서는 여전히 유혹에 무너집니다. 그러나 예수님과 친밀히 동행하는 사람은 그럴 수 없습니다. 모든 시간을 주님과 함께하기 때문입니다.

주님 앞에서는 숨길 죄가 없습니다.

나더러 주여 주여 하는 자마다 다 천국에 들어갈 것이 아니요 다만 하늘에 계신 내 아버지의 뜻대로 행하는 자라야 들어가리라 마 7:21

예수님을 믿는다고 하면서도, 입술로만 "주여 주여" 외치는 자가 있습니다. 속죄의 복음만 알고, 하나님의 뜻대로 살려고 애쓰지 않는 사람입니다. 그러나 천국은 하나님의 뜻대로 행하는 자, 곧 예수님과 동행하는 자의 것입니다.

예수님과 동행하는 사람은 원수를 사랑하고, 항상 기뻐하며, 범사에 감사하고, 죄를 멀리하며 삽니다. 이것은 율법적 노력이 아니라, 주님이 함께 계신다는 믿음으로부터 나오는 삶입니다. 그러므로 우리의 믿음은 반드시 속죄의 복음에서 주님과 동행하는 믿음까지 자라나야 합니다.

하나님의 나라가 현실이 되다

미얀마에서 사역하던 한 목사님이 주님 품에 안기셨습니다. 그 목사님의 아내도 목사님이신데, '예수동행세미나'에 참석하셨고, 장례식에 함께하지 못한 안타까운 마음을 나누던 중, 남편의 장례를 통하여 받은 은혜를 담은 한 권의 책을 건네며 추천사를 부탁하셨습니다. 그 책을 읽으며 눈물이 날 만큼 감동적인 고백이 있었습니다. "남편은 자신이 먼저 하나님을 만나러 간다고 자랑했다. '내가 당신보다 먼저 하나님을 만나러 가.'"

속죄의 복음에만 머문 사람은 그런 죽음을 맞이할 수 없습니다. 주님과 친밀히 동행하지 않았다면, 죽음이라는 순간 앞에서 믿음으로 반응할 수 없습니다. 죽음 앞에서의 반응은 그 사람이 평생 주님과 동행했는지 여부를 가장 선명하게 드러냅니다.

우리는 꿈 속에서 여러 사람을 만나기도 하고 많은 경험을 합니다. 그런데 꿈에서 깨면 현실로 돌아오게 됩니다. 그런데 영적인 눈이 뜨이고 보면 지금 현실이 바로 꿈과 같습니다. 진짜라고, 현실이라고 생각했던 세상이 모두 꿈이 되어버리고, 막연하게 느껴졌던 하나님의 나라가 현실이 됩니다. 주님과 동행하는 삶을 살면 우리의 삶이 이처럼 바뀌게 됩니다. 인생이 완전히 달라집니다.

우치무라 간조는 이런 고백을 남겼습니다. "하나님께서는 세상에 썩을 물건, 곧 금과 은, 토지와 가옥의 분배에 있어서는 심히 불공평하다. 그러나 하나님이 인류에게 주시는 가장 좋은 선물, 곧 성령을 주시는 데 있어서는 공평하시다. 오히려 가난한 자에게는 주시고, 부자에게는 주시지 않는 것처럼 보인다."

여러분은 무엇을 선택하시겠습니까? 세상의 성공과 물질입니까? 아니면 여러분 안에 계신 주님이십니까? 주님과 함께하는 삶이 먼저입니다. 그 이후에야 건강도, 재물도, 성공도 의미가 있는 것입니다. 주님 없이 이룬 성공은 결국 비참함으로 끝납니다.

사랑하는 여러분, 오늘, 주님을 향한 믿음이 새로워지는 은혜가 있기를 바랍니다. 이제는 속죄에 머무르지 말고, 진짜 주님과 동행하는 믿음으로 살아가시기를 축복합니다. 그 믿음은 고난 가운데서도 기쁨을 주고, 죽음 앞에서도 소망을 주며, 삶의 모든 순간에 하나님나라를 맛보게 합니다.

오늘도 여러분 안에 계신 주님을 신뢰하십시오. 그 주님과 동행하며, 하늘의 기쁨과 영광을 이 땅에서부터 누리는 참된 믿음의 삶을 살아가시기를 주님의 이름으로 축복합니다.

예수 동행 오직 믿음

초판 1쇄 발행	2025년 6월 2일
초판 2쇄 발행	2025년 6월 5일

지은이   유기성

펴낸이   여진구
책임편집   안수경 김도연 박소영
편집   이영주 최현수 구주은 김아진
책임디자인   마영애 노지현 | 조은혜 정은혜 남은진
홍보 · 외서   진효지
마케팅   김상순 강성민   마케팅지원   최영배 정나영
제작   조영석 허병용   경영지원   김혜경 김경희

303비전성경암송학교 유니게 과정
이슬비전도학교 / 303비전성경암송학교 / 303비전꿈나무장학회

펴낸곳   규장

주소   06770 서울시 서초구 매헌로 16길 20(양재2동) 규장선교센터
전화 02)578-0003   **팩스** 02)578-7332
이메일 kyujang0691@gmail.com   홈페이지 www.kyujang.com
페이스북 facebook.com/kyujangbook   인스타그램 instagram.com/kyujang_com
카카오스토리 story.kakao.com/kyujangbook
등록번호 1922-2461
since 1978.08.14

책값   뒤표지에 있습니다.
ISBN 979-11-6504-624-8 03230

규 | 장 | 수 | 칙

1. 기도로 기획하고 기도로 제작한다.
2. 오직 그리스도의 성품을 사모하는 독자가 원하고 필요로 하는 책만을 출판한다.
3. 한 활자 한 문장에 온 정성을 쏟는다.
4. 성실과 정확을 생명으로 삼고 일한다.
5. 긍정적이며 적극적인 신앙과 신행일치에의 안내자의 사명을 다한다.
6. 충고와 조언을 항상 감사로 경청한다.
7. 지상목표는 문서선교에 있다.

하나님을 사랑하는 자 곧 그의 뜻대로 부르심을 입은 자들에게는 모든 것이 合力하여 善을 이루느니라(롬 8:28)

규장은 문서를 통해 복음전파와 신앙교육에 주력하는 국제적 출판사들의
협의체인 복음주의출판협회(E.C.P.A:Evangelical Christian Publishers
Association)의 출판정신에 동참하는 회원(Associate Member)입니다.